U0780639

彭蕾传

"阿里巴巴背后的女人"

王桂娟◎编著　　陈 润◎主编

团结出版社

图书在版编目（CIP）数据

彭蕾传 / 王桂娟著 . -- 北京：团结出版社 ,2019.8
ISBN 978-7-5126-7318-2

Ⅰ . ①彭… Ⅱ . ①王… Ⅲ . ①彭蕾－传记 Ⅳ . ① K825.38

中国版本图书馆 CIP 数据核字（2019）第 191768 号

彭蕾传

王桂娟　著

出　　版：团结出版社
　　　　　（北京市东城区东皇城根南街84号　邮编：100006）
责任编辑：郑　纪
电　　话：（010）65228880
发　　行：（010）51393396
网　　址：http://www.tjpress.com
E － mail：65244790@163.com
经　　销：全国新华书店
印　　刷：三河市华东印刷有限公司

开　　本：145×210　1/32
印　　张：9
字　　数：190千字
版　　次：2020年1月第1版
印　　次：2020年3月第2次印刷

书　　号：978-7-5126-7318-2
定　　价：49.00元

为中国标杆企业立传

古希腊哲学家柏拉图提出过人生三问："我是谁？我从哪里来？我要到哪里去？"

"现代管理学之父"彼得·德鲁克有企业三问：我们企业是个什么企业？我们企业将是个什么企业？我们企业应该是个什么企业？

其实，无论个人还是企业，不同的个体、组织有不同的基因、命运和结局。对于个人来说，要有思想和灵魂，才能活得明白，取得成功。对于企业而言，要有愿景、使命、价值观，才能做大做强，基业长青。世间万物，皆有"灵魂"，我们要不断地找魂、炼魂。

每个企业出生时都有"灵魂"，但发展壮大以后就容易被忽视，往往当危机袭来才意识到"灵魂"不复存在，老板无力回天，毕竟灵魂人物也会在名利浮华中失去"灵魂"。企业的灵魂人物是创始人，他给企业创造的最大财富是企业家精神；管理的核心是管理愿景、使命、价值观，我们通常将其称为企业文化。有远见的企业家重视找魂、炼魂，其中效率最高、成本最低的方式是写作企业家传记和企业史，前者提炼企业家精神，后者重塑企业文化，以此重塑企业，找到企业复兴之路。

当今世界正处在百年未有之大变局之中，企业家面临空前机遇，也面临新的挑战：企业转型升级、品牌价值重塑、精神文化复兴。成功的企业家不仅要满足客户、成就员工、回报股东，更应该实现自我，以管理智慧、商业思想、人生哲学塑造人格品牌和企业文化，形成超越行业、引领未来的时代影响力。

"立德、立功、立言"，这是儒家追求，也是人生大道。在过去 8 年间，我所创办的润商文化秉承"以史明道，以道润商"的使命，汇聚一大批专家学者、财经作家、媒体精英，专注于企业定制出版和传播，为中国标杆企业立传。我们为招商局金融、华润、戴尔中国、用友、卓尔等数十家著名企业提供知识服务，策划出版过美的、碧桂园、小米、奇虎 360 等企业史类具有影响力的作品，将部分优秀作品版权输出到海外，而且出版了近百部研究顶级企业家智慧和企业发展模式的财经图书，堪称最了解中国本土企业管理水平和商业模式的知识服务机构之一。在我看来，人类总是在不断重复相同的错误，企业发展史亦是不断犯错的过程，而真正能够超越历史的企业才称得上"以史为鉴"。

正是出于对中国商业文明的专业研究精神和时代使命感、责任感，当我提出策划出版"中国著名企业家传记"丛书的倡议之后，得到了团结出版社的大力支持。2019 年，我们启动"中国著名企业家传记"丛书的学术研究和出版工程，聚集业内知名财经作家组建研究团队，花费大半年时间进行专题研究和创作，作品陆续出版问世。为了高标准、高品质打造精品工程，我们首批仅选取李嘉诚、任正非、马云、雷军、董明珠、彭蕾等著名企业家作为样本，特别是董明珠和彭蕾两位女性企业家，让我们真切感知到这句话："商业因女性而美好。"

一直以来，我们致力于实现文化工作者的梦想——为有思想的企业提升价值，为有价值的企业传播思想。作为中国商业观察者、记录者、传播者，我们将聚焦于更多中国标杆企业、行业龙头企业、区域领导品牌、高成长型创新公司等有价值的企业，将"中国著名企业家传记"丛书不断完善。为企业家立言，为企业立命，为中国商业立标杆，重塑企业品牌价值，推动中国商业进步。

通过"中国著名企业家传记"丛书的调查研究和出版工程，我们意在为更多中国企业汲取前行的智慧和力量，为读者在喧嚣浮华的时代打开一扇希望之窗：

在这个美好时代，每个人都可以通过奋斗和努力，成为想成为的那个自己。

"中国著名企业家传记"丛书主编 陈润

2019 年 9 月 1 日

前　言

很多人因为梦想、因为金钱而创业，她因为爱情而放弃优越工作，跟随丈夫"北漂"。

很多人为了利益、为了声明而奔波，她为了友情再度放弃优厚待遇，追随马云南下。

她是阿里巴巴"十八罗汉"中坚持到最后的那一个，先后执掌阿里巴巴人力资源部、市场部、服务部、支付宝等核心部门，是阿里巴巴的"定海神针"，是仅次于马云的二号人物。

她就是彭蕾，喜欢低调做人、高调做事的企业家；善于洞察人心、以人为本的管理者；客户第一、梦想第一的利他者。

她是马云战略决策最坚定的执行者，是阿里巴巴企业文化建设的操刀手和维护人。从"独孤九剑"到"六脉神剑"，再到"政委制"，马云关于阿里巴巴组织建设的天马行空的想法，由彭蕾逐一准确落地，锻造了队伍、凝聚了人心，并成为业界标杆，让猎头们无不感慨，阿里的人是最难挖的，留下的都是死忠粉。

2010年起，彭蕾临危受命，以技术、金融"小白"的身份接手危机四伏的支付宝。在以男性为主导的金融世界里，以女性独有的柔性领导闯出广阔天地，不仅使支付宝坐稳支付行业第一把交椅，更组建蚂蚁金服打通支付、理财、融资三大领域，致力于发展普惠金融，让社会发生小而美的变化。在她的带领下，蚂蚁金服估值超千亿美元，成为全球最大独角兽。尽管发展势头迅猛，但彭蕾一直坚持"蚂蚁不会变成大象"，因为他们始终没有忘记"提升用户价值"的初心，始终给普通大众和小微用户带来的是"小确幸"。

从月薪500元的基层员工到估值6000亿元的互联网金融独角兽的掌门人，从阿里巴巴的大内总管到蚂蚁金服的老大，耀眼职业生涯背后是彭蕾不变的行为准则，她说，"无论谁接任集团的CEO，我的任务都只有一个，帮助这个决定成为最正确的决定"。

因其出色的能力，从2013年起，彭蕾连年入围《福布斯》全球100名最有影响力女性排行榜；被赞为全球互联网公司最具影响力的三位女高管之一。

面对荣誉，她云淡风轻；面对危机，她杀伐果断；面对质疑，她单刀直入；面对批评，她知错就改，从不推卸。

她说，自己其实是胸无大志的人，最初自己对创立一家伟大的公司"既茫然，也没有太大兴趣"，只是享受和"一群充满激情的人做事情的过程"。这份荣耀皆过往云烟的淡然，让她在商海沉浮中依然保持本心，没有迷失自我。

她说，要想在男性主导的金融世界里占有一席之地，要将"爱做梦、不讲道理、小心眼"的女性特质发挥到极致，要相信自己的直觉，敢于做一个有梦想、爱坚持的人。

无论职场赛道如何转换，彭蕾似乎都能从容应对，即使是一无所知的专业领域。她说，自己都是边学边做，做任何事情喜欢从满足人的需求出发。而这与互联网时代"体验为王"的精神刚好贴合，正所谓时势造英雄，顺势而上的人方能永立时代潮头。

本书希望通过对彭蕾过往的回溯，让更多的人了解这位拥有阿里守护神、HR 一姐、支付宝女王等众多名号的传奇人物，并非所有的女强人都是严厉、高不可攀的，和风细雨式的管理或许能走得更远。同时，也希望从彭蕾的视角展现一个不一样的阿里巴巴 20 年。

目　录

第四章 让价值观看得见、做得到

第五章 让天下没有挖不来的人才

第六章 心善刀快，坚守底线

第七章 以"小"创"大"，弯道超车

第十二章　以己之力唤醒更大的善意

附录

第一章

可以平凡，不能平庸

　　为了爱情，她毅然放弃"铁饭碗"，跟随丈夫"北漂"。为了友情，她毫不留恋"好工作"，追随马云南下创业。这就是彭蕾，一个敢想敢做的追梦人，一个在哪都会发光的实干家。

因为爱情而创业

20 世纪 90 年代，以美国为中心的世界范围的互联网大潮汹涌而来，并改变着人们的生活方式。有人称 1995 年是互联网元年，那一年，缔造互联网思维的网景公司成功上市。[1] 彼时，在改革开放方兴未艾的中华大地，对大部分中国民众来说，互联网还是十分陌生的事物。

然而，随着市场经济的兴盛，最具潜力的互联网很快成为了中国第三波创业潮的主力，马云即是其中的领航者之一，他不仅创立了中国第一家商业网站——中国黄页，还于 1999 年创办了日后的互联网传奇公司——阿里巴巴。

人们常说，每一个成功男人的背后都有一个伟大的女人。而马云背后的女人除了妻子张瑛，还有一个不得不提的人，就是彭蕾。

---

[1] 互联网思维，从 1995 年的网景开始，2014-11-24，https://www.jianshu.com/p/13f61d5d8f89。

与天马行空的马云完全不同，彭蕾务实笃行，她会将马云天马行空的想法一一具化，变成可实施、可复制的东西，而且最后的实施效果常常超出马云的预期。正是因为具有如此超凡的执行力，彭蕾也成为了马云最信任的人之一，成为了阿里巴巴最有权势的女人。有意思的是，彭蕾最初加入马云的团队，并非是为了实现宏大的理想抱负，完全是因为一场美丽的爱情。

1971 年出生于重庆万州的彭蕾，是老师眼中的好学生、家长口中的乖乖女。在父母开明宽松的家庭教育环境下，彭蕾从小就是一个个性鲜明、独立、勤奋、有思想的女生。她做的决定通常只需要通报父母，父母从来不干涉，也很相信她、支持她[1]。同时她又比较直率，心里有什么想法都是直接说出来，有着重庆妹子特有的火辣性格。高考后，为了多出去看看，学习更多新鲜事物，在和父母商量之后，彭蕾决定进入杭州商学院 (今浙江工商大学) 攻读工商管理专业。大学毕业后，她就被分配到了浙江财经学院当大学老师。

能得到这样一份体面、收入稳定的工作让很多人羡慕不已，毕竟当时大部分学生都是被分配到自己家乡的一些学校里。如果彭蕾按照这条路走下去，中国可能只是多了一名优秀教师，而少了一位影响全球的最具领导力的女性之一。

彭蕾的人生转折点来自于一场爱情。

1997 年，她与高自己两届的师兄孙彤宇坠入爱河，并义无反顾地嫁给了孙彤宇。此时的孙彤宇，早在 1996 年 4 月就被马云

---

[1] 马云背后的万州女人彭蕾 系阿里巴巴创始人之一，2015-3-2，http://cq.people.com.cn/n/2015/0302/c365402-24031818.html。

挖到了中国黄页，并凭借出色的工作能力，使得中国黄页的广告策划、宣传和业务推广方面有了质的飞跃。

尽管当时中国黄页的发展并不被看好，但是工作了一段时间后，孙彤宇却坚定地相信，中国黄页必将成为行业领军者[1]。在这种信念鼓舞下，他试图说服彭蕾加入到这个温暖的大家庭中。

彭蕾第一次见马云，是在中国黄页的办公室，当时办公室里突然走进了一个瘦小的人，张牙舞爪地大喊道："我们也要保钓！"这种别致的见面，对彭蕾来说，简直匪夷所思。后来，经别人提醒，她才知道那就是马总。多年以后，再次回忆起那次见面，彭蕾依然觉得"颠覆了三观"。[2]

只是现实终归很残酷，略有起色的中国黄页，资金匮乏、资源匮乏、信息匮乏问题依然突出，一度难以为继。与此同时，一个强大的竞争对手——杭州电信正式涉足互联网产业。在1996年前后，中国的互联网产业仍归政府统一管制，所以，中国黄页之于杭州电信，类似游击队之于正规军，几番较量之后，中国黄页这支游击队已经没有力量与杭州电信"正规军"抗衡，无奈之下，马云只能忍痛割爱，与杭州电信合资运营。[3]

然而，由于在公司发展方向的战略规划上存在根本分歧、经营理念存在巨大差异，双方的裂痕持续增大，以至于后来马云提出的所有经营方案几乎都被握有控制权的杭州电信一口否决。最终，在遭到杭州电信彻底背叛之后，马云下定决心离开中国黄页。

[1]张燕：《马云全传》，四川：四川人民出版社，2015年，第78页。

[2]攻心者彭蕾，2018-12-24，http://finance.ifeng.com/c/7itGrkAMjkk。

[3]张燕：《马云全传》，四川：四川人民出版社，2015年，第92页。

1997年，正当马云痛苦徘徊之际，在朋友的引荐下，他收到了外经贸部下属的中国国际电子商务中心（EDI）的邀请函，邀其北上共谋互联网大业[1]。决定北上之后，马云精心挑选了6位得力干将，这其中就有孙彤宇。

新婚燕尔的孙彤宇，自然要说服妻子彭蕾一起北上。在老公的影响下，一向洒脱的彭蕾没怎么犹豫，便毅然辞掉令人艳羡的大学工作。那一年，她的单位正在分房。即便如此，为了爱情，为捍卫心中的那片净土，彭蕾还是以"随军家属"的身份加入到了马云的创业团队，正式北上，去北京开拓更广阔的天地。

同其他人相比，彭蕾最开始并非心甘情愿地追随马云，完全是因为爱情的力量。

就这段往事，彭蕾自己也回忆说，她对于创立一家伟大的公司"既茫然，也没太大兴趣"。而当有人问到彭蕾，为何拿着很少一点儿钱和马云扎在一个很小的房间里拼命，她自然而然地答道：

> "我其实不是信他，我就觉得他特别有趣，你跟他在一起干活永远不会无趣，你永远会觉得很好玩，很刺激，他跟团队在一起的时候，给大家那种精神上的刺激是非常吸引人的。"[2]

在北京EDI期间，彭蕾主要负责后勤工作。初到北京，大家

---

[1] 张燕：《马云全传》，四川：四川人民出版社，2015年，第96页。

[2] 彭蕾正式卸任！曾坦言：我成功就是因为"小心眼"！2018-4-9，https://baijiahao.baidu.com/s?id=1597263756442691888&wfr=spider&for=pc。

都住在外经贸部的一个简陋宿舍里，办公地点在外经贸部 7 号楼。由于工作任务繁重，加班是常有的事。尽管白天很累，马云还是会利用晚上的时间，给大家普及英语。他认为，人生需要不断地学习，这样才不会被社会抛弃。

在北京的这段日子里，也有很多温馨时刻。每当可以休息时，彭蕾等人都会跟着马云下馆子，十几个人围坐一桌，开心畅谈，开怀畅饮，相互鼓励，其乐融融[1]。这种模式后来也被完美保留到了阿里巴巴的团队建设中。

然而，在马云心中，这种为别人打工的状态只是暂时的，自己还是想放开手脚，在互联网领域大干一场。深思熟虑之后，马云有了最终的决定，他立即通知彭蕾等人到宿舍集合，说有要事宣布。

在得知马云要放弃北京优越的工作条件，再回杭州创业之后，孙彤宇等人都表示了疑惑与不解，唯有彭蕾并没有像其他人那样郁闷，她说，当时"几乎没有考虑，一起来的当然一起回去。我对北京没有留恋，对北京的生活不适应，期待回杭州。虽然在北京拿上万，回杭州拿 500，但心理上没什么"。[2]

正是凭着这一份洒脱、平和，彭蕾从默默无闻的教师，一路坚持，辅佐马云成就阿里巴巴的辉煌。

---

[1]张燕：《马云全传》，四川：四川人民出版社，2015 年，第 101 — 102 页。

[2]孙燕君：《阿里巴巴神话：马云的美丽新世界》，江苏：江苏文艺出版社，2007 年，kindle 版本，第 605 页。

从"翻白眼"开始

1999 年 1 月，彭蕾等追随马云创业的人陆续回到了杭州，大家的身份一下子从合资公司的高管、员工变成了待业游民，只是还没等大家伤感，就被马云召集到了自己家——一栋位于杭州湖畔花园小区的大房子里。

这一天是 1999 年 2 月 21 日。马云的屋里几乎家徒四壁，只有两个破旧沙发摆在一边，张瑛、彭蕾、孙彤宇等十三个人围着马云而坐，马云就像"搞传销"的一样，站在一张桌子后，开门见山地说起来："大家的住处应该都各自安排好了，现在，我们也该开始二次创业了。"[1]

虽然在北京的时候，大家对二次创业有了心理准备，但是谁也没想到马云会这么快地行动起来，所以，此时，没有人说话，

---

[1]张燕：《马云全传》，四川：四川人民出版社，2015 年，第 109 页。

大家表情严肃地看着马云，等着他继续说下去。

虽然气氛有点儿微妙，却丝毫没影响马云演说的激情。他猛一挥手，大声说道："从现在起，我们要做一件伟大的事情。我们的 B2B 将为互联网服务模式带来一次革命……"[1]

"对于二次创业，我们要先筹集 50 万元启动资金。虽然这是我们自己的企业，但也要记住，不能拿父母的养老金，不能向亲朋好友借钱。"[2]

为了让大家遵守这个规定，马云一再强调了这次创业的不确定性，这就如同赌博一样，谁都不能保证一定可以成功，而一旦向亲朋好友借了钱，万一赌输了，让他们如何生活！对于马云的说法，大家频频点头，很是认同。马云自己率先把全部的积蓄摆到了桌子上，在他的带动下，大家 1 万、2 万、3 万地凑了起来，很快，50 万元的启动资金凑齐了。

彭蕾说："虽然在北京的工资不低，但是大家都是年轻人，追求高消费，所以没剩下什么钱。"[3]

所以，即便只有一两万块钱，也几乎是倾其所有了。

实际上，以当时马云的实力，自己拿出 50 万元也不是不可能，但是马云却选择了让大家共同集资组建公司的办法，为的就是让阿里巴巴从一开始就是股份制公司，人人享有股份，人人都可能成为富翁。

在这次筹建大会上，彭蕾对互联网仍然是一知半解的状态，

[1]赵建：《马云传》，北京：中国画报出版社，2014 年，第 47 页。

[2]张燕编：《马云全传》，四川：四川人民出版社，2015 年，第 109 页。

[3]孙燕君：《阿里巴巴神话：马云的美丽新世界》，江苏：江苏文艺出版社，2007 年，kindle 版本，第 737 页。

马云在上面慷慨演说时，她和身边的几个女孩就在底下偷偷翻白眼。这也不难理解，毕竟在当时，最火的是雅虎、新浪、亚马逊等门户网站和B2C模式，这是经过实践验证的快速崛起的模式，彭蕾等人预设的也是建一个类似的模式。所以，当马云提出阿里巴巴要做前所未有的B2B时，彭蕾等人都是不太认同的。

但是马云坚持了自己的想法，他说："大部分人看好的东西，你不要去搞了，已经轮不到你了！"[1]他们要办的是一家与众不同的电子商务公司，一家面向中小企业的公司，一家要活80年的公司，而且要成为全球最大的电子商务公司。

只是，这样类似吹牛的宣言，并没有说服彭蕾等人，彭蕾只觉得很茫然，也没有太大兴趣。其他人的反映也都是失落、凝重、犹疑，气氛一度很僵持。

为提振团队士气，马云鼓劲说："今天，要你一个人出去闯，你是有点儿慌……我觉得黑暗中大家一起摸索一起喊叫着往前冲，就什么都不慌了。十几个人手里拿着大刀，啊！啊！啊！向前冲，有什么好慌的，对不对？"[2]

一番加油鼓劲之后，大家就释然了，跟着马云走总是没错的，不然大家也不会放弃高薪工作，加入这支队伍了。

这次大会虽然没有达成共识，但是建立阿里巴巴网站的任务已经是箭在弦上，而且大家都明白，公司的商业模式已经定下来了，即企业对企业的B2B模式。而彭蕾之所以留下来，是因为她

---

[1]孙燕君：《阿里巴巴神话：马云的美丽新世界》，江苏：江苏文艺出版社，2007年，kindle版本，第762页。

[2]孙燕君：《阿里巴巴神话：马云的美丽新世界》，江苏：江苏文艺出版社，2007年，kindle版本，第778页。

很享受一群年轻人在一起做事情的过程，充满激情和活力，感觉很好玩。

大会结束后不久，阿里巴巴的筹建工作就有条不紊地展开了。和所有创业公司一样，初创期的阿里巴巴条件十分艰苦，每个人只拿 500 元工资，没黑没白地加班，住宿简陋，吃的也是便宜的盒饭，谁都不例外。

巧的是，作为初创人员，彭蕾获得了 007 这个很有纪念意义的工号。最开始，阿里巴巴并没有严格的管理制度或工作流程，很多人都是身兼数职。像彭蕾既是财务，又是客服，还是 HR。在财务上，彭蕾是出纳员，谢世煌是会计。凡是涉及花钱的事，都是由彭蕾和谢世煌统一管理。他俩常常为了添置一两样小东西而满大街地转，货比三家，价比五家，以找到性价比最高的那一家。一旦两人同时看中了某样办公用品，彭蕾看价钱，谢世煌负责计算，然后，他俩在计算出产品的性价比，如果超出了心底的预算，再好的东西，彭蕾也会坚定地摇头。[1]

为了方便记账，彭蕾还专门准备了一个小记账本，天天带在身上，计算各类用品的价格和公司日常费用支出，她笑称自己快变成"守财奴"了，[2] 直到现在，她还保存着这个账本，纪念那段刻骨铭心的经历。

同样地，外出办事时，大家几乎都不打出租车，一方面是马云很早之前就"嘱咐"过，不许打的；另一方面，大家都明白创

---

[1] 刘世英、彭征著《马云正传：活着，就是为了颠覆世界》，海南：南方出版社，2014 年，kindle 版本，第 2009-2013 页。

[2] 刘世英、彭征著《马云正传：活着，就是为了颠覆世界》，海南：南方出版社，2014 年，kindle 版本，第 2013 页。

业初期的困难，很自觉地遵守"不打的"的规定。凡是距离近的，就直接走过去，不到迫不得已，是不会打车的。[1]

一次，彭蕾等人出去采购办公用品，实在拿不过来了，马云这才破了一回例。大家朝的士招手，一辆桑塔纳开了过来，他们立即朝司机摆手："不坐，不坐。"一直到看见了一辆夏利车过来，大家才敢上车。之所以一定要选择夏利，是因为桑塔纳每千米的费用比夏利要贵，即便只是贵了一点点。

还有一次，因为没看清车的牌子，大家就上车了，到了地点付钱的时候，大家自然地按夏利的价格支付车费，却被司机告知是富康车，就因为这个，大家还跟司机争了起来，试图说服司机，让他认为自己开的是夏利。

事实上，为了节省开支，彭蕾等人无所不用其极，连工作餐的标准也是一降再降。一开始大家吃的是6元一份的盒饭，一段时间之后就觉得6元有点儿超支了，就改成4元的。结果，因为鸡块变质造成食物中毒，大家只能互相搀扶着去医院打吊瓶。[2]

除了为公司"精打细算"，彭蕾还化名"小土豆"，担任公司客服人员，与戴珊共同负责公司客户服务工作。[3]从最开始，阿里巴巴就坚持一对一的在线沟通，因为条件有限，所以只能由彭蕾等人顶上去。那时的客服都是即时的，为了拓展业务，无论客户多晚咨询问题，她都第一时间回应，工作到深夜一两点是经

[1]刘世英、彭征：《马云正传：活着，就是为了颠覆世界》，海南：南方出版社，2014年，kindle版本，第2013页。
[2]张燕：《马云全传》，四川：四川人民出版社，2015年，第121页。
[3]马云最器重的女人今天离开了支付宝，2018-4-9，http://tech.ifeng.com/a/20180409/44942890_0.shtml。

常的事，只要客户的邮件没有处理完，她就不回家。彭蕾曾回忆道："有时客户半夜两点收到邮件，很吃惊，问我们：是不是时间有问题？我们说：没有啊，我们都在线啊，客户非常感动。"[1]

有时候因为邮件回复得太及时，导致很多客户开始怀疑彭蕾等人的真实存在。因为敬业、勤奋，彭蕾很快成了客服的骨干力量。而在她离开客服岗位后，依然保留了自己的客服邮箱，时常有老顾客会咨询她问题，而彭蕾也会不厌其烦地回复。

没熬过夜的青春不算是真正的青春。在湖畔时代，虽然只有500元的工资，但是和其他员工一样，彭蕾每天也要工作16到18个小时。一旦做起事来，她也顾不上自己的身体吃不吃得消，就跟着大伙一起拼命干，累了就睡在办公室的睡袋里，哪怕是夜里三四点钟，办公室里依然灯火通明，以至于小区的保安认定他们是一家黑网吧。

不过，彭蕾最厉害的还是看人选人。虽然不是科班出身，但是彭蕾可谓"慧眼独具"，对人力工作有自己独到的见解。她和马云一起筛简历、挖人才。因为是新创业公司，薪酬低、工作量大，同时马云禁止为阿里巴巴打广告，所以初期的人力招聘工作非常艰难，很少有人愿意来这里。马云还调侃说，在大街只要不是残疾的人，他都想招进来。招聘人才的困难度由此可见一斑。尽管如此，彭蕾的人力工作还是做得风生水起，而且一干就是十年。

---

[1]孙燕君《阿里巴巴神话：马云的美丽新世界》，江苏：江苏文艺出版社，2007年，kindle版本，第936页。

跟对老板最关键

尽管阿里巴巴后来的发展证明马云是对的，但是在1999年，阿里巴巴还是一个资金短缺、随时可能会倒闭的公司。那么，究竟是什么原因让彭蕾舍弃高薪职业，将大好青春赌在了马云身上呢？其中的原因，从彭蕾对马云的评价中可以略窥一二。她曾直言不讳地说道：

> "他很多事情我都不爽，也不是很看得惯，但我能够依然对他保持最初的尊敬和佩服。我知道他身上也有他的弱点，但是对于他的格局观和他的悟性，还有一些判断，还有一些他身上的魅力，还是令我很欣赏，发自内心的。"[1]

[1]张丽娟：彭蕾成阿里金融掌舵者：欣赏马云虽然很多事都不爽，2013-3-7，http://finance.ifeng.com/news/people/20130307/7744877.shtml。

这种尊敬和佩服在 1999 年发生的一件事之后就更加强烈了。

尽管彭蕾等人各种"精打细算"，但是经过了将近半年的发展后，阿里巴巴已经没有钱了。此时，阿里巴巴是生是死，就看能不能找到投资者，解决阿里巴巴的资金链问题。实际上，自阿里巴巴推出网站后，马云就一直为阿里巴巴寻找合适的风险投资者，只是一直没找到。

这天，马云再次接到一个投资商的电话，他没告诉其他人，而是走到主管财务的彭蕾身边，轻声说："你和我去个地方。"

彭蕾点点头，很默契地将桌子上那本破旧的记账本带上，默默地跟在马云身后，走出了办公室。

一直到了楼梯口，马云才对她说："上海来了几个汇亚基金的投资人，想投资咱们公司，我们去和他们谈谈。"

汇亚基金是亚洲区域内最大及最早的私人投资资金管理公司之一，在上海设有分支机构。在决定投资阿里巴巴之前，这家公司已经进行过考察，对阿里巴巴的情况比较满意。

彭蕾明白，汇亚基金总部一定是同意投资阿里巴巴了，只是负责这个项目的投资人可以最终决定是否投资以及投资的金额，这就意味着，本次谈判是一场决定战，很关键。

马云和彭蕾很快到了杭州世贸饭店，与三个投资人在其住处见了面，双方并没有找一间专门的会议室进行谈判。简单的寒暄过后，汇亚基金就给出了一个投资数额，并说希望用这笔钱在阿里巴巴获得一定的股权。

"如果你同意，我们就可以签合同。"[1]

[1] 张燕：《马云全传》，四川：四川人民出版社，2015 年，第 128 — 129 页。

此时，马云倒不是特别在意对方投了多少钱，他更关注对方要占阿里巴巴多少股权。但是，看到对方强硬的态度之后，马云意识到，针对股权的讨价还价几乎不可能。虽然心里有了预判，马云还是继续和对方聊了一会。

突然，马云看了一眼坐在单人沙发上的彭蕾，然后说道："抱歉，我们需要商量一下。"

听到这话，彭蕾若有所悟地站了起来，跟着马云走出了房间，走到楼下的曙光路人行道上。马云没有立即开口，只是在街道上来回走着。见此情形，彭蕾莫名有些紧张，只是没表现出来，就那么安静地站在一旁，等着马总说话，因为她知道，马总这是在做真正的决定。

过了好几分钟，马云大约察觉出了他和彭蕾之间的沉闷氛围，这才停下脚步，询问彭蕾："你觉得这次的条件怎么样？"[1]

说出这句话，彭蕾立马知道马云并不是真的在征求她的意见，只是为了打破现在的沉闷而已，她更清楚，马云又要放弃这笔投资了。

一直以来，彭蕾都十分敬佩马云，但是管着阿里巴巴财务的她，更知道如果不接受这笔投资，这个月大家的工资都发不出来了。所以，她抱着一丝希望，请求道："公司已经没有钱了。"[2]

公司现在的状况，马云心里十分清楚，他也不是没想过大家的温饱、阿里巴巴的发展问题。但是，他坚定地认为，以汇亚基金现在投的钱，不可能买到阿里巴巴这么多的股权，因为阿里巴

[1] 张燕：《马云全传》，四川：四川人民出版社，2015 年，第 129 页。

[2] 张燕：《马云全传》，四川：四川人民出版社，2015 年，第 130 页。

巴有更大的价值。

慎重考虑之后，马云还是坚持了自己的想法，随后和彭蕾一起回到了饭店的房间。

面对傲慢的投资商，马云丝毫没有畏惧，他说："我们认为你们低估了阿里巴巴的股份价值，而且低估了很多。对于你们提出的条件，我们不能接受。"说完，马云就带着彭蕾潇洒地走出了房间。

路上，彭蕾不断在心里感慨：100多万啊，就这么没了！前前后后不过几十分钟，这次谈判真是速战速决。[1]

对汇亚基金而言，马云是错过了一个好机会，但是马云却有自己的超前判断。他不希望投资公司不信任自己和自己的管理团队，而且也希望除了投资公司的钱，阿里巴巴能拿到风险投资和其他的海外资源。后来的事实也验证了马云的正确性。

出于这些考虑，马云陆陆续续"错过"了38笔投资。[2]这种在金钱诱惑面前，作为十分缺钱的创业公司领导，仍然能够保持清醒判断、坚持初心的做法，让彭蕾对马云有了新的认识，从而更加坚定了自己待在阿里巴巴，跟着马云干的决心。

一个人之所以能够成功，不仅仅要具备优良的人品和出色的业务能力，更重要的是，在一开始就跟对了人，遇到"明君"。虽然彭蕾时常说马云的想法都是天马行空的，是很虚的东西，但是经过这次的事件之后，彭蕾知道自己当初的选择是对的，跟着马云一定可以干出一番惊天动地的事业。

---

[1] 张燕：《马云全传》，四川：四川人民出版社，2015年，第130页。

[2] 张燕：《马云全传》，四川：四川人民出版社，2015年，第130页。

古人云：千里马常有，而伯乐不常有。纵观中华五千年的历史，我们会发现一个有趣的现象：不论哪个时代，都不缺能人志士，但是这些能人中有很多却怀才不遇，以致抱憾终身。个中缘由，除了有未能识别出的千里马之外，还有很多千里马跟错了伯乐。像楚汉之争时的范增、西汉时的韩信以及三国时期的杨修等，这些人的才能有目共睹，但是最终却被自己的"伯乐"猜忌，导致人生很快走到了终点。

相较而言，彭蕾是幸运的，她跟对了人。她之所以能从500元工资到执掌千亿帝国，成为互联网、金融行业的风云人物，除了自身的坚持与能力之外，看人的本领同样是她成功的重要因素。毕竟，作为普通人，不是每个人都能像马云一样拥有超前的战略眼光和对商业、市场的敏锐洞察力。

就此而言，跟对了老板，才是大部分普通职场人做对事、成就事业的大前提，因为正确的选择往往大于埋头努力。

成功没有捷径，只是比别人多坚持了一会儿

这世上为什么只有少数人能成功，就是因为愿意比别人多坚持一会儿的人太少。尤其是在创业的路上，面对资金、人才、业务等各方面的困难，承受着随时可能失败的压力时，大部分人选择了放弃，只有极少数愿意再多坚持一会儿，成为守得云开见月明的胜利者，彭蕾就是其中之一。

从 1999 年 3 月到 2000 年 3 月，是阿里巴巴的湖畔时代、崛起时代，从名不见经传的小公司，仅用了 6 个月就推出了世界一流的网站；仅用了一年就打造出了全球领先的 B2B 网站。那段时期也是彭蕾快速蜕变的一段重要时期。

如此巨大的成功与阿里巴巴初创团队"疯狂"的工作状态是密不可分的。每个月只有 500 元工资，每天要工作 16 个小时以上。但是，没人计较投入产出比，没人计较个人时间是否全被占用，更没人想要中途放弃，反而是像一家人一样，互相鼓励、互相帮助，满脑子

想的都是如何能让阿里巴巴发展壮大，如何能度过这段最艰难时期。

这些努力与汗水没有白费，1999 年 6 月，随着著名投资人蔡崇信的加入，阿里巴巴的体制机制逐步建立了起来，向正规化方向发展。10 月份，阿里巴巴拿到了高盛牵头的第一轮风投——500 万美元。[1] 2000 年 1 月，又拿到了孙正义 2000 万美元的投资。[2]

与此同时，阿里巴巴的业务发展更是一日千里。到 1999 年底，阿里巴巴的会员数突破了 10 万。虽然只做了很少的广告，但阿里巴巴的名气却越来越大，不仅受到了国外媒体的关注，也成功吸引到了国内媒体的目光，《经济日报》《中国经营报》等纸媒相继报道了阿里巴巴，媒体界的老大——中央电视台的"经济半小时"更是对阿里巴巴进行过两次报道。[3]

随着业务、名气的提升，阿里巴巴的队伍急需扩充。一直兼职人力的彭蕾受到马云钦点，做到了人事经理的位置，专职招聘和队伍培训事宜。此时的阿里巴巴获得了互联网领域众多牛人的青睐，他们来自北京、上海，有许多都是大公司的高管、世界500 强的精英。只是，这些牛人更多的是奔着股权而来，精明的他们自然不愿意错过像阿里巴巴这样极具增值潜力的互联网公司。

几轮面试过后，彭蕾越来越感觉到这些牛人的风格与阿里巴巴团队的气质并不搭调。但是他们确实有吸引公司的耀眼资历，

---

[1]刘淑霞：《马云传（传记袖珍馆）》，黑龙江：哈尔滨出版社，2013 年，kindle 版本，第 859 页。

[2]刘淑霞：《马云传（传记袖珍馆）》，黑龙江：哈尔滨出版社，2013 年，kindle 版本，第 910 页。

[3]刘世英、彭征：《马云正传：活着就是为了颠覆世界》，海南：南方出版社，2014 年，kindle 版本，第 2064 页。

所以，再三权衡之后，彭蕾还是接收了一部分这样的人。

事实上，彭蕾做招聘时压力也很大，尤其是面对这些大公司出来的高端人才。透过他们的眼神，彭蕾看出了傲慢与不屑：你这个年轻人有什么资格面试我们。[1]

2000年3月，拥有2500万美元的阿里巴巴正式搬进了宽敞明亮的华星大厦，并正式开始了制度化、规范化建设。规章制度的建设，是任何一家规范公司都必然要面对的大事。马云把这项工作交给了彭蕾。很快，彭蕾就把制度和流程全部起草了出来，但是真正要把这些措施落到实处时，却遇到了前所未有的阻力。

或许是因为大家早已习惯了湖畔时代那种充满人情味的温馨氛围，习惯了相互之间胜似亲人、亲密无间的团队气氛，习惯了彼此平等、没有上下级隶属关系的相处模式。结果，突然要搞像大公司那样的条条框框和奖惩约束，大家一下子很难适应。[2]

对此，即使是制度起草人彭蕾也很矛盾，她知道一旦制度实施之后，以往那种亲厚、家庭式的相处模式必然会被破除，但是她更清楚，阿里巴巴走到现在，要从一家创业公司成长为一家正规公司，制度是必不可少的部分。

所以，尽管艰难，各类规章制度还是被强制推行了。与之同步的就是部门的细化分工，而有了部门，就要有负责人，有上下级。"十八罗汉"中，第一批被提拔的人有三位：孙彤宇、张瑛和彭蕾，

[1]孙燕君：《阿里巴巴神话：马云的美丽新世界》，江苏：江苏文艺出版社，2007年，kindle版本，第1093页。

[2]孙燕君：《阿里巴巴神话：马云的美丽新世界》，江苏：江苏文艺出版社，2007年，kindle版本，第1184页。

他们的职务是部门经理。[1]

原本这种职务升迁对公司而言是再正常不过的事。但是,"十八罗汉"早就习惯了只有马云一个领导,其他人都是平级的,现在这种状态却突然被打破,且职位也是与薪酬挂钩的,同样为阿里巴巴付出了很多心血,没升迁的人不免会有怨气。更重要的是,搬到华星之后,公司大了,人也多了,"十八罗汉"沟通少了,见面畅谈的机会就更少了,于是,误解和矛盾越积越多,形成了一个炸药库,而"升迁"成了点燃炸药的导火索,引爆了阿里巴巴唯一一次人事风波。

一天晚上,除了马云、张瑛、孙彤宇、彭蕾之外的十四个创始人到一家咖啡馆聚餐,起初大家说好不谈工作只叙旧,谈着谈着就说到了公司,说到了各自的怨气和委屈。作为老大哥的楼文胜倡议说,光说没用,应该写出来送给马云。提议一出,得到积极响应,由楼文胜执笔,大家补充,写了满满一大张纸。[2]

第二天傍晚,马云收到信后,就把"十八罗汉"召集到一起,要求大家有什么怨恨、委屈全都说出来、骂出来,不说完不准走。

写信的十几个人接连发言,把写在纸上的每一件事都说了一遍,矛头自然指向马云、张瑛、孙彤宇、彭蕾四人,但主要是针对孙彤宇。因为孙彤宇平时大大咧咧,个性又很鲜明,经常会和同事吵架,大家对他的意见就比较多,主要是对他的性格不满,

---

[1]孙燕君:《阿里巴巴神话:马云的美丽新世界》,江苏:江苏文艺出版社,2007年,kindle 版本,第 1184 页。

[2]孙燕君:《阿里巴巴神话:马云的美丽新世界》,江苏:江苏文艺出版社,2007年,kindle 版本,第 1193 页。

其实和职务升迁没有太大关系。[1]

那天的会从晚上 9 点多一直开到凌晨 5 点多，是一次完全的释放和宣泄。经过这一夜的洗礼，这些一起同风雨共患难的创始人之间的误解、疑虑全部消除，大家和好如初。

这次"华星风波"的产生和化解都很耐人寻味，但也给做人事管理的彭蕾敲了警钟，让她更加认识到了公司价值观、团队文化建设的重要性。

---

[1] 孙燕君：《阿里巴巴神话：马云的美丽新世界》，江苏：江苏文艺出版社，2007 年，kindle 版本，第 1193 页。

第二章

执行力是第一位的

　　如何将老板天马行空的想法付诸实践？如何让价值观成为人人谨记的准则？如何练就一双识别人才的"慧眼"？这些或许没有标准答案，但是，彭蕾却给我们提供了一个范本，如何从职场"小白"进阶为职场精英。

再难都不能丢了价值观

新千年对阿里巴巴来说，可谓悲喜交加。顺利拿到 2500 万美元的融资，搬到华星新办公区，迅速集聚一大批海外精英，变身国际化互联网公司，马云登上《福布斯》封面，阿里巴巴一时间风光无限。

古语云：物极必反。2000 年，持续了三年的互联网泡沫骤然破灭，纳斯达克指数狂跌不止，中国的网络公司纷纷倒闭，互联网进入寒冬。过度扩张导致阿里巴巴陷入资金链随时断裂的境地。随之而来的是，外界对马云、对阿里巴巴模式和赚钱问题的质疑声一浪高过一浪。

此时，作为人事行政总监的彭蕾十分清楚，阿里巴巴在 2000 年 9 月 20 日马云宣布公司进入紧急状态的那一刻起，就提前从繁花似锦的夏天步入寒风凛冽的严冬，而能否度过这场危机，取决于如何开源节流。[1]在当时境况之下，找到新注资的可能性几乎为零，只能先从节流，即裁员、收缩规模开始，毕竟高昂的人力成本已经成为拖累阿里巴巴发展的首要因素。

决定是艰难的，执行更加艰难，从马云到彭蕾，他们都是重感情、讲义气的人，看着曾经并肩战斗的战友离开，是他们最难过的时候。

就在他们犹豫不决之际，2001年1月，曾在通用电气公司做出惊人业绩的运营界的传奇人物——关明生，加入了进来，担任阿里巴巴COO。新官上任三把火，关明生将裁员的火烧得尤为猛烈，从美国、香港到杭州、北京、上海，每一个阿里巴巴的办事处都进行了大裁员，而马云、蔡崇信、彭蕾等人也主动将工资减到一半，并提出"零预算"计划，广告一分钱都不花，高管出差也只能住三星宾馆。[2]

裁员节流的效果立竿见影，公司每个月的支出立即下降了一半，阿里巴巴暂时度过了存亡危机。但是，公司上下也因此变得人心惶惶，充满了压抑和失落的气氛。

现在，对马云、彭蕾等高层来说，重要的已经不是自己的心情，而是如何让阿里巴巴的员工走出阴霾，重新激发出奋斗拼搏的热情，解决这一问题的关键在于如何提升团队凝聚力，如何通过建设企业文化、价值观实现凝聚力的提升。

事实上，早在裁员之前，由关明生主持，马云、彭蕾、金建杭等人开了一次高层会议，目的在于以书面形式确立阿里巴巴的

[1] 张燕：《马云全传》，四川：四川人民出版社，2015年，第176 — 177页。
[2] 孙燕君：《阿里巴巴神话：马云的美丽新世界》，江苏：江苏文艺出版社，2007年，kindle版本，第1569页。

目标、使命和价值观。彭蕾的文笔是这几个人中最好的，所以她
对价值观的梳理出了很大的力。经过反复讨论，最终确立了阿里
巴巴的理念——"客户第一，员工第二，股东第三"。其后，著
名的"独孤九剑"——群策群力、教学相长、质量、简易、激情、
开放、创新、专注、服务与尊重的价值观也逐渐成型。[1]当然，
这只是第一步，关键在于执行。

一提到价值观，往往会被认为是走形式、走过场，但是对于
阿里巴巴来说，"虚"的价值观必须落到实处，正如彭蕾所说：

> "这不是搞什么形式主义，而是真的要从心里认同。实
> 际上，我可以这么说，阿里巴巴每一位员工都是从心里认同
> 的，如果不认同，我们会有相应的机制让他们走开"[2]。

为了让每一位员工都将"独孤九剑"牢记于心，在马云的指
示下，一场声势浩大的"整风运动"拉开帷幕，为了让这一运动
落到实处，彭蕾等人各出奇招，把九大价值观制成卡片，让员工
随身携带；把九大价值观作为绩效考核的硬指标，与工资挂钩；[3]
在各个分公司，都贴着九条价值观。一场运动犹如大浪淘沙，将
那些无法认同阿里巴巴价值观的员工淘汰了出去，曾经那种团结
友爱的工作氛围又回来了。

"整风运动"只是阿里巴巴建设团队的第一步棋，第二步棋

[1]张燕：《马云全传》，四川：四川人民出版社，2015年，第178页。

[2]刘世英、彭征：《马云正传：活着就是为了颠覆世界》，海南：南方出版社，2014年，kindle版本，第2969 — 2976页。

[3]张燕：《马云全传》，四川：四川人民出版社，2015年，第178页。

是员工培养体系，即阿里独具特色的"军政大学"，并拿出 100 万投入到培训中去，先培训员工，然后是中层、高层干部。一个月的培训期内，包吃包住，工资 800。[1]

授课老师，除了外聘的专业顾问，彭蕾等高层会定期去培训班讲课，其中，彭蕾主要负责讲阿里巴巴的发展历史。

为了让学员更全面、迅速融入到阿里巴巴大家庭，彭蕾以亲历者的角度，讲述着阿里巴巴那段激情燃烧的光辉岁月，让大家一同感受创业展业的艰辛与成功后的喜悦。

不同于其他公司的培训，阿里巴巴对新员工的培训一直延续到以后两个月的实习和考试中，每周有考试，不仅考绩效，也考价值观，价值观占到了考试的一半。[2] 通过高强度的培训，阿里巴巴的价值观真正做到了贯彻到每一个人身上，大家对公司的发展方向和前景有了更深层次的认识，最重要的是，通过这种培训，让阿里巴巴从激情创业正式走向制度经营，让"游击队"变身成了"正规军"，锻造了一批批国内顶尖的互联网精兵强将。

当时，阿里巴巴的培训却引起了外面的质疑，毕竟在阿里巴巴还没有实现盈利的情况下，投入如此多的资金去搞价值观培训，总给人一种"不务正业"的印象。不过，彭蕾等人并不在意这些负面评价，时间会证明一切。

2003 年，突如其来的"非典"灾难成为了印证阿里巴巴价值观培训的有力说明。"非典"是百年不遇的天灾，其可怕之处在于，

---

[1]孙燕君：《阿里巴巴神话：马云的美丽新世界》，江苏：江苏文艺出版社，2007 年，kindle 版本，第 2002 页。

[2]孙燕君：《阿里巴巴神话：马云的美丽新世界》，江苏：江苏文艺出版社，2007 年，kindle 版本，第 2019 页。

它不仅会夺去人的生命，也会将企业置于死地。试想，如果阿里巴巴网站瘫痪 10 天，那么，阿里巴巴 4 年的苦心经营必然会付之东流，阿里巴巴会再次跌入死亡的深渊。[1]

2003 年 4 月，"非典"从广东开始向全国蔓延，人人谈广州色变，但是广交会依然如期举行。这让马云、彭蕾等人陷入了两难境地，去的话，员工的生命会受到威胁；不去，则有负客户的托付。针对此事，大家在高管会议上争论不休，反复讨论了几个小时。最终，马云拍板，为了信守承诺，广交会一定要去。被派去的员工并没有一个退缩或抱怨，因为他们知道这是自己的使命和责任。

不幸的是，赴会的一个叫宋洁的员工被确诊为"'非典'疑似病例"。很快，阿里总部近 500 名员工被强制隔离。

面对此次危机，阿里高层果断决策：以 SOHO（家居办公）抗击"非典"。彭蕾指挥行政人员，迅速将 500 名员工分散完毕，每位员工在各自家中安好电脑宽带，照常办公。

在这之后的 14 个日夜里，500 名员工虽各自为战，却井然有序。[2]公司高层通过电话和网络发布工作指示和要求，通过网络进行管理。最终，阿里团队不但维持了公司两大网站的正常运转，而且每天新增会员 3500 名，每日供求信息量增长 5 倍，每天收入 100 万！[3]全世界 210 万会员完全不曾察觉阿里巴巴正

---

[1]孙燕君：《阿里巴巴神话：马云的美丽新世界》，江苏：江苏文艺出版社，2007 年，kindle 版本，第 2578 页。

[2]孙燕君：《阿里巴巴神话：马云的美丽新世界》，江苏：江苏文艺出版社，2007 年，kindle 版本，第 2586 页。

[3]刘世英、彭征：《马云正传：活着就是为了颠覆世界》，海南：南方出版社，2014 年，Kindle 版本，第 3662 — 3663 页。

在经历第二次生死危机，连最敏感的媒体也没察觉到他们已经被隔离。

那段时间，阿里的价值观得到淋漓尽致地展现，团队凝聚力空前高涨。那时，无论电话何时打来，无论接电话的是员工还是家人，第一句话都是："你好，阿里巴巴……"

全体员工的这份镇静与自觉，他们所表现出来的超强执行力和独立作战力让彭蕾感到十分惊讶，也极为骄傲。

四年的公司，还算顺利的年轻的公司，一群年轻到有理由不知天有多高地有多厚的年轻人，面对突如其来的危机和四面八方的压力，这群年轻人表现出的冷静有序足以让所有怀疑我们的人闭嘴而且汗颜。[1]

最后宋洁的疑似被排除了，阿里500名员工虚惊一场。但"非典"带给阿里的这场考验意义非凡，它验证了阿里文化的强大，验证了团队的优秀，验证了SOHO的可行、网上生活和网上交易的可行。

有人说阿里是"非典"的暴发户，其实不是阿里利用了"非典"，而是"非典"成全了阿里。正如马云所说，"不是'非典'让电子商务好，而是'非典'让人们知道了电子商务好"。[2]

————————

[1]孙燕君：《阿里巴巴神话：马云的美丽新世界》，江苏：江苏文艺出版社，2007年，kindle 版本，第 2646 页。

[2]刘世英、彭征：《马云正传：活着就是为了颠覆世界》，海南：南方出版社，2014年，Kindle 版本，第 3662 页。

老板可以务虚，你必须务实

熟悉马云的人都知道，马云的想法基本都是天马行空的，他擅长的是制定公司的战略方向、把控大局，而要将这些想法落到实处，则需要像彭蕾这种务实、执行力超强的人。

回顾阿里巴巴的历史，回首彭蕾十余年的从业生涯，可以发现，彭蕾成功的关键是，她懂得如何与天马行空的老板相处，更知道如何将老板务虚的想法、翻译成人人都能听得懂、做得来的话语。

彭蕾觉得马云特别有趣，跟他在一起干活永远不会无趣，永远会觉得很好玩、很刺激，他跟团队在一起的时候，给大家那种精神上的刺激是非常吸引人的。

2017 年，她在湖畔大学授课时曾说道：

"他（马云）有很多天马行空的想法，我们最后有些可以消化，但是还有一部分经过他三次五次的坚持，我不一定完全认同，但我也还是会去做，而且会不折不扣地去做。"[1]

之所以会有这样的行为，是因为长期以来，彭蕾对马云的天马行空已经习以为常。况且，马云讲的那些东西都是基于对未来发展的深刻洞察，很容易激发大家的兴趣。而且一路走来，在马云的指挥下，彭蕾带着团队把很多看上去不可能的事情都变成了可能后，她对马云提出的目标的质疑便越来越少，从"翻白眼"变成了由衷的佩服。

现在，马云再提什么稀奇古怪的想法，彭蕾都不会震惊，而是细思琢磨之后，觉得也可以按他说的来。久而久之，彭蕾已经形成一种思维——有些事不能按常规理性分析去做，而是要像马云一样，反其道而行之。

因为对金庸武侠的浓厚兴趣，马云在阿里巴巴推行了花名文化。看似一件不必要的事，却让阿里巴巴的企业文化有了独特的气质，也让员工摆脱了枯燥的工号，有了与众不同的身份标签。

2004 年，马云决定再次提升阿里巴巴员工的战斗力，只是无从下手。在新任人力总监邓康明的协助下，阿里巴巴的价值观从"独孤九剑"蜕变成"六脉神剑"：客户第一、团队合作、拥抱变化、诚信、激情、敬业。

尽管只有十八个字，却凝聚了邓康明、彭蕾等人力资源部门人员的无数心血。在"六脉神剑"诞生之前，阿里巴巴专门召开了一百多名员工参加的座谈会进行讨论，再由高管们对座谈结果

---

[1] 彭蕾：CEO 与 CPO 要"雌雄合体"，2017-12-19，https://mp.weixin.qq.com/s/t-Tb1__OnOFlMBd76FUEGQ。

进行再讨论，最后投票表决，才最终确立了精简版的价值观。

只是，这六条价值观依然是很虚的东西，对普通员工来说，执行起来比较困难。于是，彭蕾把它进一步具体化。

针对"客户第一"理念，彭蕾就把它具体化为：客户是衣食父母，客户的需求要第一时间满足，客户的问题要积极解决，要站在客户立场思考问题。[1]

一次，公司的一名销售将某房地产商发展为了中国供应商，这虽然给阿里巴巴带来了收入，但是这名销售却受到了公司的严肃处理。作为阿里巴巴的员工，他十分清楚阿里巴巴不可能帮助房地产商把房子卖到全世界，而他却把这名客户发展为了中国供应商，这是完全没考虑客户的利益，违背了"客户第一"的理念。[2]

对于"团队合作"理念，彭蕾将其具化为：大家要开诚布公，有意见开会说，开完会埋头干，避免当面没意见，背后抱怨多；要共享共担，平凡人做非凡事；在工作中，群策群力，取长补短，不是自己分内的工作，也不推诿。[3]

团队的力量一直是阿里巴巴极其重视的方面，如果没有当初"十八罗汉"的相互协作，也就没有如今的阿里巴巴。如果当初没有及时开诚布公地解开十几个创始人心中的郁结，阿里巴巴很可能在成立的第二年就倒闭了。所以，"丑话说在前头"未尝不是件好事。

就"拥抱变化"而言，是指迎接变化，勇于创新。对行业和

---

[1] 赵建：《马云传》，北京：中国画报出版社，2014 年，第 164 页。

[2] 张燕：《马云全传》，四川：四川人民出版社，2015 年，第 212—213 页。

[3] 赵建：《马云传》，北京：中国画报出版社，2014 年，第 165 页。

公司的变化,先思考、再理解、后接受;面对变化,自身要理性对待,充分沟通,并积极影响和带动同事;即使变化后遇到了挫折或失败,也能迅速调整,拥抱下一次变化。

对于"诚信"理念,彭蕾将其具化为:言行一致,不作假,不作弊,不欺骗客户,不受任何利益和压力的影响;坚持原则,不轻易妥协,不随意承诺。[1]

诚信是立人之本,一个企业如果不讲诚信,根本不可能走远。马云也一再强调诚信的重要性。2004年的一天,公司高管们抽查业务员的通话录音,无意中听到一名业务员向客户承诺回扣,这让他们大吃一惊,在阿里巴巴,还有这种员工?

随即,公司马上进行了调查,经查这是淘宝网一位业绩一直很优秀的业务员,几乎在被发现的当天,这名业务员就因为对客户"过度承诺"违背了诚信原则而被开除了。

据说,这名业务员平时也很遵守公司的各项制度,并在上个季度刚刚被评为"销售冠军",这个季度马上就要"冲线"了,有些急功近利才出此下策。[2]但是,在阿里巴巴,只要触碰了底线,就会遭到惩罚,谁都不例外。

将"激情"应用于工作中时,就要永不言弃,不计得失,全身投入,永远乐观。

对于"敬业",彭蕾认为就是今天的事情绝不拖到明天,自己的事情不推给别人,以专业的态度、平和的心态对待每件事情。

通过一系列考核,员工会被分为三类:有业绩也有团队精神

[1]赵建:《马云传》,北京:中国画报出版社,2014年,第174页。
[2]刘世英、彭征:《马云正传:活着就是为了颠覆世界》,海南:南方出版社,2014年,kindle版本,第3431页。

的称为"猎犬";老好人但没业绩的称为"小白兔";有业绩没团队精神的是"野狗"。[1]其中,"猎犬"是最好的人才,他们会受到阿里巴巴的重用,接受良好培训,在提升自身的同时也为公司创造更大的效益。而"小白兔"和"野狗"也会被安排有针对性的培训,之后如果还是不合格,则会被淘汰掉。

由此可见,文化、价值观对于阿里巴巴而言,从来不是"虚无缥缈"的文字工程,而是实打实的核心竞争力。正是文化造就了阿里巴巴的光荣理想,使其从平凡走向伟大、崇高,走向非凡卓越。当然,如果只谈理想、价值观,就是真正的务虚了。彭蕾不会,马云也不会。所以,阿里巴巴讲价值观、讲使命时,也在讲制度、业绩、薪酬、奖金、股份等。在阿里巴巴,理想与利益、使命与薪酬从来不是冲突的,是相辅相成的。

从"可信、亲切、简单"到"独孤九剑",再到"六脉神剑",彭蕾以女性特有的视角,协助马云打造阿里巴巴独特的文化与价值观,并让每一位员工,甚至公司保安、保洁都明白阿里巴巴的目标与使命。只有统一目标,力量才会朝一个方向汇聚,阿里巴巴才会拥有一个高度透明、一切行动听指挥的强大团队。

---

[1]张燕:《马云全传》,四川:四川人民出版社,2015年,第214页。

只要用心，前台也能成为总裁

彭蕾掌管阿里巴巴的人事大权长达 10 余年，造就了阿里巴巴人才济济、精诚团结的良好氛围。在这期间，她不知面试过多少人，与多少 500 强高管、全球顶尖网络高手过招、博弈。完全没有人力资源管理背景的她，能在短短时间内就实现职场赛道的转换，归功于她严谨、认真、敏锐、善解人心的作风和个性以及超强的执行能力。

2002 年 11 月，因为工作出色，彭蕾晋升为阿里巴巴副总裁，正式进入公司决策层。2005 年，她暂时调离人力岗，成为市场部的副总裁，同年年底再度回到 HR 领域。[1]

贯彻阿里巴巴价值观，防止公司文化因为大量新员工的加入而被稀释的问题，一直是彭蕾带领的 HR 团队工作的重中之重。

---

[1] 孙燕君：《阿里巴巴神话：马云的美丽新世界》，江苏：江苏文艺出版社，2007 年，kindle 版本，第 4655 页。

在她看来，阿里巴巴的成功得益于赶上了互联网行业高歌猛进的大环境，还有马云的领导力和坚持力。

多年 HR 的工作经历，练就了彭蕾的火眼金睛。在挖掘人才方面，彭蕾是一个不按套路出牌的人。只要是她看中的人才，她会竭尽所能地挖过来，给予其更大的施展平台，真正做到人尽其才，物尽其用。董文红就是这样被彭蕾一路提拔，从前台最后做到了菜鸟网络的 CEO。

进入阿里巴巴之前，董文红做过 7 年的物资贸易工作，之后因为生孩子，在家休了一年半的产假。2000 年 4 月，已经 30 多岁的她在网上看到阿里巴巴在招聘行政助理，抱着试试的心情就去应聘了，但因为此前并没有相关工作经验，面试时，董文红也不是特别自信，最终没有应聘成功。[1]

不久，她在机缘巧合之下再次得到了阿里的应聘机会，这次比第一次从容了许多，面试很成功，但是董文红并没有得到行政助理的岗位，而是被安排到了前台接待岗位。

起初，她以为前台工作会十分轻松，上了几天班之后，她发现在阿里巴巴，即使是前台，工作也很忙。每天电话都会响个不停，因为没有相关工作经验和行业知识，在和同事配合时又发生了一点儿不愉快，刚刚工作一周的董文红决定辞职，人力部门对她说："你是目前第一个主动要求离开阿里巴巴的人，你是不是碰到什么困难了？可不可以再坚持试试？"[2]

---

[1]孙燕君：《阿里巴巴神话：马云的美丽新世界》，江苏：江苏文艺出版社，2007 年，kindle 版本，第 5044 页。

[2]孙燕君：《阿里巴巴神话：马云的美丽新世界》，江苏：江苏文艺出版社，2007 年，kindle 版本，第 5052 页。

最终，董文红留了下来。为了尽快适应工作，她开始在工作之余写工作总结，通过自省提升自己的服务质量。她把工作做得极为细致、贴心，譬如她会把沪杭之间铁路车次时间表发给常去上海出差的同事；夏天到了，她会主动安排咖啡吧进一些冷饮。即便不是分内工作，她也会帮助一直打电话找客服的客户解答一些基本疑问[1]……类似的暖心举动给同事们留下了极好的印象，也让彭蕾记住了她。

董文红的职业生涯在 2001 年发生了巨大转机。当时，行政部门有个主管职位空缺，彭蕾立马想到了工作认真细致的董文红。于是，她把董文红叫到办公室，要提拔董文红做行政主管，忐忑不安的董文红听到这个好消息时，并没有直接答应，而是向彭蕾解释说，自己没做过管理工作，也做不了管理工作，让彭蕾另外找人接任。

见董文红拒绝，彭蕾并没有就此放弃，因为她相信自己的眼光，她耐心地劝导董文红，替她分析了今后的职业前景，彭蕾劝道：

"女人事业的黄金年龄是 30 到 40 岁，如果在这一阶段没有突破，往后再想晋升就很难了。"[2]

经过彭蕾的劝导，董文红再三考虑后，决定接受这一全新的挑战，为的是让自己的人生不留遗憾。

---

[1] 深挖阿里最励志合伙人：从前台到身家亿万的女总裁，2016-12-23，https://www.sohu.com/a/122389198_463539。

[2] 深挖阿里最励志合伙人：从前台到身家亿万的女总裁，2016-12-23，https://www.sohu.com/a/122389198_463539。

后来的事实证明了彭蕾的精准眼光。董文红在行政部门待了6年多，在她的带领下，行政部成功举办了西湖论剑、全程监控阿里巴巴创业大厦的建造、协助领导做好"非典"时期的协调沟通工作。[1] 几场漂亮的硬仗下来，董文红不负彭蕾的信任，从主管升到了总监，迅速成长为阿里巴巴一颗璀璨耀眼的新星，最后坐到了菜鸟网络董事长的位置，成为阿里巴巴晋升最快的员工。

类似的例子不胜枚举，但是，挖掘人才、培训、绩效管理等常规工作并非彭蕾关注的工作重点。担任 CPO 期间，彭蕾做的更多的是推动阿里巴巴战略目标的实现，让 HR 的工作跟公司的战略结合在一起；促成一线员工与核心班子成员之间高质量的对话，让马云知晓阿里巴巴一线员工的真实状况，了解自己的核心班子现在是什么水平。

为了实现这一目标，彭蕾会根据不同的人群搭建不同的"场子"，比如，做新员工培训时，彭蕾还会进一步区分出一线的新员工与资深的新员工，再根据各个群体的不同特点和诉求，搭建更有针对性的对话"场子"[2]。更重要的是，她和马云已经形成了十足的默契，对一线的新员工该说什么，对资深的新员工该说什么能满足他们的需求，进而留住他们。这一切取决于 HR 对阿里巴巴文化、价值观的理解与阐述，取决于 HR 与 CEO 是否有足够的默契度，在"对话场景"中，不互相拆台，实现关键信息在阿里巴巴内部的高效沟通。

---

[1] 孙燕君：《阿里巴巴神话：马云的美丽新世界》，江苏：江苏文艺出版社，2007年，kindle 版本，第 5060 — 5068 页。

[2] 彭蕾：如何成为一名优秀的 HR？ 2019-3-13，https://mp.weixin.qq.com/s/O9LGcI0Tcl2_3_YnaPfE3A。

针对考核、评价 HR 的工作问题，彭蕾有独门秘籍。在考核 HR 的工作时，彭蕾喜欢虚实结合的方式，她说：

> "我从来不看招聘人数、招了多少人，这是最没有技术含量的一个指标。
>
> 我不喜欢看大面上的流失率，而是看核心员工的流失率，也就是那些绩效最好、最有潜力的员工一年的流失情况是怎样的。如果那些优秀的人离开了，就说明这个公司或者团队问题大了。"[1]

尤其是新员工，来了三个月或半年就提出辞职，只能说明落地的土壤有问题，没有给他比较好的平台去施展才能，没有让他很好地融入公司环境中，而这个问题同时也反映出团队管理的一些问题。

另外，衡量 HR 工作的另一个指标就是看板凳深度，即替补阵容或队员的实力。在阿里巴巴，每年做人才盘点的时候，各大业务群的总裁必须回答的问题是：一年之内你的接班人有哪几个？公司内部的是谁？公司外部的又是谁？两三年内，你的接班人又有谁？[2]

对于创业者而言，一旦替补队员不足，就会受制于人，尤其会因一些关键岗位的人选的不确定性而焦虑。

为了突出这一问题的严重性和迫切性，在彭蕾制定的考核体

---

[1] 彭蕾：如何成为一名优秀的 HR？2019-3-13，https://mp.weixin.qq.com/s/O9LGcI0Tcl2_3_YnaPfE3A。

[2] 彭蕾：如何成为一名优秀的 HR？2019-3-13，https://mp.weixin.qq.com/s/O9LGcI0Tcl2_3_YnaPfE3A。

系中，针对总监以上级别的有一个"433"体系，其中，团队建设占比30%，该指标就是指团队的稳定性和人才梯队建设[1]，使得高管们不得不重视本部门的梯队建设。

---

[1] 彭蕾：如何成为一名优秀的 HR？ 2019-3-13，https://mp.weixin.qq.com/s/O9LGcI0Tcl2_3_YnaPfE3A。

再讨厌的工作，满五年后再决定去留

在阿里，彭蕾提倡"一年香，三年醇，五年陈"的文化传承，她认为这是对员工"有情"的一种回应，回应他们在阿里巴巴的努力与付出。

"一年香"，代表的是"认同"，从最开始的懵懵懂懂到认同阿里文化，经过一年的历练，每一位新员工就像一瓶新封坛的美酒，开始散发出淡淡的阿里香味。

"三年醇"，代表的是"融入"，"由内而外，酒香醇厚"，在阿里工作三年的员工，完全融入到阿里文化中，明白了阿里吸引自己的究竟是什么，也清楚的知道阿里要什么、不要什么、要什么样的人、不要什么样的人，更懂得了什么是一切选择背后的价值判断。此时，他们已经习惯了阿里的思维方式，成为了合格的"阿里人"。

"五年陈"，代表的是"传承"，"内置外化，沉醉他人"。入职满五年的员工，如同一坛陈年老酒，散发着浓浓的"阿里味"，阿里的文化已刻在骨子里，他们要做的就是去传承、发扬、感染更多的阿里新人。[1]

在每一阶段，公司都会赠送一份有着特殊寓意的礼物，尤其是"五年陈"的时候，公司会举办一个隆重的授戒仪式，届时老员工们齐聚杭州总部，并得到一枚印有阿里巴巴 LOGO 和个人标签的戒指。戒指并不华丽，但是其带给员工的精神满足感、对阿里巴巴的认同感和自豪感远远超出物质上的给予。

这也正是彭蕾愿意看到的结果。毕竟互联网行业跳槽率一直非常高，很少有员工能在一家公司待满五年。频繁的人员更换，直接导致企业文化的稀释甚至断裂。但是，这种现象在阿里巴巴却很少见，以至于猎头公司都感慨，阿里的员工是最难挖的，都是死忠粉。这要归功于彭蕾带领人力资源团队在抓队伍建设、贯彻价值观上所做的不懈努力。

这种坚持价值观输出的做法，经常被外界误读为"洗脑"，武断地认为阿里巴巴特别会给员工"洗脑"，员工进入阿里巴巴之后，一个个像打了鸡血似的，不知劳累，不求回报，一门心思地干活。对此，彭蕾也很无奈，她说，我们不过是坚持了自己的价值观而已，希望员工可以实现心灵和工作的平衡，让一群有情有义的人，做一件有意义有价值的事。[2]这就是彭蕾在阿里工作时最大的感悟。

彭蕾所说的"情"指的是：

---

[1]一年香三年醇五年陈：12 年前，马云亲手给阿里人戴上一枚戒指，2016-8-6，https://www.yangfenzi.com/zimeiti/64478.html。

[2]彭蕾离开阿里人力资源部后，与 HR 同事说的一番话，发人深省！2018-7-3，http://www.sohu.com/a/239126497_165191。

人与人之间，彼此心灵是不是有一种连接的状态，连接的状态并不是要你侬我侬的甜蜜，有些时候吵架也是"情"，那种激烈的碰撞也是"情"。你今天能不能 hold 住，让一个有质量的对话发生在这样一个环境和场域，我觉得这个是最大的"情"。[1]

团队与团队之间的对话、互动，上下级之间交流的方式，同事之间的合作方式等，这些平常看来只是工作、沟通的事情，彭蕾都将其归结为"情"，是不可或缺的。而作为公司 CEO，更要拥有"大情"，要明确公司将以何种方式往哪个方向发展，也就是公司的使命、愿景必须要明确地落到纸上，进而落进每一个员工的心里。

彭蕾经常说她不喜欢"职场"这种表述，"情场"才更贴合，因为在工作中，更多的是千万种"情"融合在一起，懂得了"情场"，我们才能游刃有余地发展事业，创造更大价值。

"有义"即江湖道义，放在公司里，可能是明确的制度，也有可能是潜移默化的习惯。

那么，"有意义、有价值的事情"是什么呢，彭蕾认为，其实就是公司的战略定位。[2]对于公司的战略定位，阿里巴巴也曾犯过错误，2000 年的时候，阿里巴巴将自己定位为国际站点，随后，阿里巴巴在美国、英国、韩国等地设立了很多办事处，

---

[1]彭蕾：一年香，三年醇，五年陈：这就是对员工「有情」的回应，2017-12-27，https://mp.weixin.qq.com/s/mfOMz4bYPcIySmcY3mv7XQ。

[2]彭蕾：一年香，三年醇，五年陈：这就是对员工「有情」的回应，2017-12-27，https://mp.weixin.qq.com/s/mfOMz4bYPcIySmcY3mv7XQ。

就像一家跨国企业那样，进行战略布局。结果，随着互联网泡沫的破灭，阿里巴巴面临资金链断裂的风险。痛定思痛之后，阿里巴巴重新确立了定位：服务中国中小企业，让天下没有难做的生意。[1] 在新的核心战略框架下，阿里巴巴异军突起，迅速成为互联网行业领航者。

基于这段经历，彭蕾十分关注一个公司对自身战略定位所做的努力。作为 CPO，彭蕾思考更多的不是阿里巴巴的人才数量，而是阿里巴巴的"战略是什么"，她得出的结论是：

> "战略就是客户价值"，而客户价值 = 利益 × 体验，利益是核心，但如果体验做得好的话，可以让客户价值事半功倍，做得不好的话，则会让客户价值大打折扣。[2]

尤其是现在，大家都在宣扬"体验为王"理念，当我们提供服务或产品给客户时，首先要考虑这是不是客户想要的，是不是让客户有"上帝"的感觉，要做到这两点，就要清楚战略最重要的核心是什么，那就是我们经常说的"初心"，也就是"意义""价值"之所在。

对于公司而言，CEO 首先要明确公司确立战略的原因和意义，但这还不够，他还要及时和 HR 沟通，更要让一线员工也知道并认同公司的战略和使命，让他们有更高的使命感和责任感，激发出更多的工作热情，共同为"有意义"而拼搏。

---

[1] 赵建：《马云传》，北京：中国画报出版社，2014 年，第 63 页。

[2] 彭蕾：组织的心力、脑力、体力，2016-12-15，https://mp.weixin.qq.com/s/KRrxGbjwfDqcKvrHwA6f7g。

彭蕾认为，身为 CEO，不能认为自己只管生产，HR 只负责招人，这是对资源的极大浪费。CEO 应该带着 HR 一同把成型的战略图逐步变成现实，把自己对公司战略的组织思考向 HR 团队做充分、清晰的交流，这个过程是不可缺少的。

2001 年，在阿里巴巴快活不下去的时候，关明生加入了。在他的带领下，马云、彭蕾、金建杭等人花了大量的时间去做公司的战略图、组织图，讨论"独孤九剑"的内容。在阿里巴巴生死存亡的紧要关头，彭蕾他们关起门来讨论的全是价值观，争论"客户第一""群策群力"是什么意思。[1]

这在外人看来是很不可思议的事情，但却是阿里巴巴屡次渡过危机、拥有梦幻团队的关键原因。所以，彭蕾愿意花十年、二十年的时间去建立、推进阿里巴巴的价值观体系，因为这是一个伟大的公司必须投资去做的事情。

当然，确立战略、使命和价值观只是第一步，更重要的是要深入每一位员工的心里，这是一个需要时间积累的过程，一旦员工发自内心地认同、践行公司的价值观，其所释放出来的磅礴能量将会震撼整个世界。

基于此，彭蕾时常告诫别人，只要工作不是到了忍无可忍的地步，就应该待满五年再决定去还是留。不过，这并非是劝说所有人都成为公司的打工者，相反，彭蕾十分鼓励个人创业，每个人都有自己不同的选择。但是，当一个人在一家公司待了五年后，他会对公司、对自己有全新的认识，同时也累积了创业、再择业的资本，那时，无论去留与否，人生都将会有更多的选择。

---

[1] 彭蕾：组织的心力、脑力、体力，2016-12-15，https://mp.weixin.qq.com/s/KRrxGbjwfDqcKvrHwA6f7g。

第三章

如何招到想要的人才

　　阿里巴巴集团的人才招聘及培养机制一向是业界标杆，无论是"闻味官"还是"三板斧"，都已成为教科书级的人才选拔培养体系。而彭蕾正是创建这一体系的主要功臣。虽然不是科班出身，但是彭蕾却能洞察人心，鉴别人才，为阿里巴巴锻造了一支能文能武的超级团队。

先闻味，再谈事

在阿里巴巴的招聘流程中，有一个特殊程序——闻味道，由在阿里工作五年以上、深知深信阿里价值观的资深员工担任闻味官，包括阿里的合伙人。

阿里巴巴的面试，第一轮是主管面，负责考察面试者的业务能力；第二轮是 HRBP 面试，把关面试者的综合素质；第三轮则是闻味官面试，他不聊专业，不聊价值观，而是天南地北地闲聊，在闲聊的过程中，负责嗅出面试者是否有阿里味儿。聊完之后，如果闻味官觉得和这个人聊不来，味道不对，话不投机，面试者就会被刷掉；如果聊得来，味道跟阿里巴巴匹配，那么就通过了。

这种仅凭直觉来判断一个人的去留问题，看似武断，实际却暗藏着阿里巴巴对价值观的高度重视。因为阿里巴巴致力于将公司的使命、愿景和价值观落实到每一位员工身上。与其他公司相比，阿里巴巴在实施人才招聘时，不仅要考虑人才在素质、知识、能力、经验和岗位需求方面的匹配度，还会观察候选人的天性、价值观和个人追求是否与阿里巴巴的理念相匹配。[1]因为阿里巴巴要找的是"志同道合之人"，"志"与"道"是需要靠直觉去感受的。[2]很多时候，直觉比其他判断要准确的多。

担任闻味官的人是不固定的，也不是全职担任，而是虚拟的职位，而且闻味官都是跨部门的老员工。例如，天猫要招一位销售总监，他们可能会请菜鸟网络的一位高级别人员过来担任闻味官，他们要确保这个应聘者是能适应整个阿里巴巴集团的人，因为阿里巴巴内部经常轮岗，所招的人也需要是能适应任何部门的人才。

虽然是虚职，闻味官却拥有很大的决策权，他们有一票否决权。一旦他觉得和面试者聊不来，那么这个人会被直接刷掉，即便他的业务能力很不错。

在外人看来，"闻味道"可能比较抽象，但是，彭蕾等人却清楚地知道该怎么"闻味儿"，通过所谓的闲聊，闻出面试者是否是阿里巴巴的一路人，这背后代表着是否有同样的价值观，或者有没有相同的梦想，大家能否在一起共事。

怎么闻你身上有没有梦想的味道，就是问问你有什么"好"的事情，你喜欢干什么，你对你喜欢干的事情了解多少。"你能跟我讲一个小时这个事情吗？哪怕你只是喜欢十字绣也没关系。"[3]

但是，在阿里巴巴，是否"臭味相投"是必不可少的筛选标准。

———————

[1]闻味官 - 笔记，2019-4-8，https://www.hrloo.com/lrz/14525024.html。

[2]陈国海、刘贵鸿、陈祖鑫：《阿里巴巴政委体系》，北京：企业管理出版社，2018年，第48页。

[3]陈聿敏：淘宝招聘，"闻味官"做中间，《钱江晚报》，2013-5-10，http://qjwb.zjol.com.cn/html/2013-05/10/content_2129674.htm?div=-1。

曾经也有业务主管在面试时，坚持留下了被闻味官否决的人，结果，这名新员工工作了半年之后就辞职了，因为适应不了阿里的文化。

之所以会有如此特殊的招聘程序，是马云、彭蕾等人在选拔人才中总结提炼出的经验之选。创业之初，阿里巴巴就十分注重人才的选拔。当时，张瑛面试完之后，再由彭蕾面试，彭蕾面试完之后，马云再面试一次，大家一起把关，确保招进来的人对味儿。只是，当时大家都还是新人，还没有"闻味官"的概念。

不过，在招贤纳士上，阿里巴巴也曾犯过跨国公司的通病。2000 年，阿里巴巴作为互联网的新秀，在轻松拿到 2500 万美元的融资后，立马在全球高薪招聘到了大量高端人才，本意是想建立全球顶尖的互联网公司，结果，事与愿违，大部分高端人才是冲着高薪才加入进来，稀释了阿里独有的文化，大家不再为梦想而奋斗，最初创业的那种高昂的激情大大减少，创新的脚步慢了下来。高额的人力成本让阿里巴巴举步维艰。于是，就有了关明生主导的大裁员。

这件事让马云、彭蕾等人开始反思，只强调技术能力显然是不够的，要打造一支执行力强的团队，更需要考虑非技能方面的能力，要看的是团队中的每个人究竟是什么样的人，要"闻他们的味道"。例如，同是名校毕业，都有 3 年 ~ 5 年技术研发工作经验的两个人，在简历上几乎看不出区别。但是，他们的"非技能素质"，如是否能吃苦、是否抗得住压力、对工作的热情度和责任心等，会让他们在阿里巴巴的表现完全不同。

2009 年，在淘宝十周年之际，阿里巴巴举行了一次全国性的招聘，"闻味官"作为面试官之一，正式亮相。面试时，"闻味官"都会问一些"非技能因素"类的问题作为选拔人才的依据。

例如，你这辈子吃过最大的苦是什么？你这辈子吃过的最大的亏是什么？你这辈子受过最大压力是什么事导致的？[1]在前公司工作（实习）期间，和自己配合最好和最不好的人分别是谁……

看似普通的小问题，却能反映面试者最真实的想法。正是在这些"非技能因素"上下足了功夫，阿里才打造出自己的铁军文化。

此外，阿里巴巴十分鼓励合作，将组织目标看得比个人利益更加重要，所以，闻味官在闲聊时，可能会更加注重探求面试者的自我感觉。如，很多面试者都会因为太以自我为中心而落选。更有些求职者声称他们十分热爱阿里巴巴，一旦让他们说出具体热爱哪个方面时，却说不出来。这样的人，会被闻味官界定为不诚信，这是跟阿里巴巴的价值观相冲突的，从而被淘汰掉。

除了招聘环节需要"闻味道"，闻味官还要定期对员工进行价值观考核。每个季度开始的绩效考核，价值观和业务能力各占一半。但是，"价值观"本身很虚，彭蕾根据"六脉神剑"的要义，将其一一具体化，形成30条考核细则，由闻味官根据员工的行为打分，让员工们时刻绷紧"价值观"之弦，时刻加深阿里巴巴的文化印记。

企业要想走得更远，团队人心凝聚在一起比个体能力强更重要。"闻味官"的设立，目标只有一个，即为阿里巴巴挑选更为合适的人才、符合或者认同阿里价值观的人。他将价值观考验直接搬到了最前面的选人环节，通过"望闻问切"等手段，极大避免了用人部门因为工作急而忽视了价值观的考察，降低人员大量增加时带来的企业文化被稀释的负面影响。

---

[1] 陈事敏：淘宝招聘，"闻味官"做中间，《钱江晚报》，2013-5-10，http://qjwb.zjol.com.cn/html/2013-05/10/content_2129674.htm?div=-1。

快速识别人才的四大标准

什么样的人可以称为人才？什么样的人才是阿里需要的？这是彭蕾做 HR 时一直在思考的问题，也是她能从 HR 里脱颖而出的原因之一。

彭蕾每天面对的是浩如烟海的简历，并要在短短几十分钟的面试中，找到真正符合阿里价值观的高质量人才。这绝对是个技术活。从自身的实战经验中，彭蕾总结出了快速识别人才的"四大标准"。

在她看来，阿里需要的人才的第一个标准就是"聪明"，不仅要智商高，情商也必不可少。当今时代，科技的发展，对知识、技能的专业性要求越来越高，公司对员工的期待自然也会越来越高，喝茶混日子的人只会被"同龄人抛弃"。没有一定程度的专业知识储备，很难能在工作中获得大的突破。这就需要我们不断地更新自己的知识库，即使是完全陌生的领域，聪明人也能快速适应并超越别人。

　　这方面，彭蕾也有独到经验，当初，她从老师转到 HR 行业，完全零基础。本着"既来之，则安之"的心态，她边学边做，乐在其中，练就了一双识人断事的火眼金睛。她说，"做任何事情，我觉得首先要关注的是，你在这个领域要面对的对象是谁，他们的需求是什么"。[1] 将复杂的问题简单化，迅速找到关键点，这就是高智商的人的做事方法。

　　除了智商，情商也是彭蕾鉴别一个人是否"聪明"的重要标准。换言之，情商不高，不能称之为聪明人。作为阿里的CPO，彭蕾要求的"情商"并非见面自来熟，或者察言观色，而是你能够很容易走进别人的内心，也能够将自己的心房向别人敞开，要时刻能够感知自己所处的气场发生了什么变化，随之调整自己的沟通方式，实现有效交流。但是，现实中，走进别人的内心都很难，更何况还要敞开自己的心扉。

　　一个人如此，一个团队更是如此。怎样提升团队的"情商"呢？彭蕾及她的团队想到了一个方法——"裸心会"。在阿里，时常会有这样的"裸心会"，即二三十人坐在一起，每个人把自己所有的事情都讲出来。看似很难的事，在彭蕾的努力下，成了阿里增进团队感情的有效方式。在团队彼此坦诚之后，反而发生了奇妙的化学反应，团队的关系更加紧密了，因为彼此更为了解，感情更深了。

　　　　所以聪明是两个方面，一个是硬的，你的专业得有两把

[1] 彭蕾：做到这四点，你就是个人才，2018-6-4，http://www.sohu.com/a/234088998_165191。

刷子，一个是软的，开放，与人交流，能够互通有无的能力。[1]

第二大标准就是"皮实"，就是你不但要能经得起"棒杀"，还经得起"捧杀"。对一般人而言，皮实更多的可能是要经得起摔打、锻炼。但在彭蕾看来，这只是一个方面。很多时候，更要经得住成功后的"无数鲜花与掌声"，能做到"宠辱不惊"。彭蕾从不相信有所谓的常胜将军，她在看团队时，更愿意选择那种经历过诸多挫折的团队，当然，一次都没成功过的也不行。一旦面对的是一个从没失败过的团队，彭蕾就会很担心，因为"那种小孩你都不知道你怎么就把他弄死了"[2]。

彭蕾眼中的"皮实"更像是一种让别人找不到明显破绽的绝世武功，就像《射雕英雄传》里的"铜尸"陈玄风，他为求武功高强，偷了师父黄药师的半部《九阴真经》，练得身上所有命门都没了，刀枪不入，后来被7岁的郭靖拿匕首刺他的肚脐眼，给杀死了。但是，人生就是要你不断地锤炼，把你所有的命门都练没了，才算皮实。

> 不管别人怎么赞扬你也好，或者羞辱你也好，你内心知道你自己是谁，自己内心是很定的，无论是捧你还是打你，外界的状况都不会伤害到你，这才是真正皮实的状态。[3]

---

[1] 阿里巴巴合伙人彭蕾告诉你，阿里酷爱的人才需要具备哪些特质，2017-1-3，https://mp.weixin.qq.com/s/wv5oKnb0YEf6HV5LKCsVfw。

[2] 阿里巴巴合伙人彭蕾告诉你，阿里酷爱的人才需要具备哪些特质，2017-1-3，https://mp.weixin.qq.com/s/wv5oKnb0YEf6HV5LKCsVfw。

[3] 阿里巴巴合伙人彭蕾告诉你，阿里酷爱的人才需要具备哪些特质，2017-1-3，https://mp.weixin.qq.com/s/wv5oKnb0YEf6HV5LKCsVfw。

第三个重要标准是乐观。"乐观"这个词被无数人提到过，彭蕾把它作为一个检验标准，是因为一个乐观的人和一个悲观的人对团队的影响力是天壤之别。尽管一再强调乐观的重要性，但是依然避免不了遇到那种永远在抱怨的人，彭蕾的团队里也有，这种人的开场白永远是"啧……"，彭蕾开玩笑说，"我一听到你嘴巴一砸吧，我就知道后面的'但是'来了"[1]。

这种人绝不是阿里巴巴真正想要的人。他们永远只看到坏的方面，永远在抱怨，带给周围的人很多负能量。对于这类人，彭蕾十分不理解，纵使生活中不乏艰辛，但是为什么不能从艰辛中发现希望和光明呢？

如果每天日复一日庸庸碌碌地生活，表面看似平静悠闲，实际上却如一潭死水，那人生还有何乐趣可言？彭蕾做不到，所以她选择放弃高薪稳定的教师工作，转身下海投入阿里巴巴的怀抱。与此相反，另外一些人，他对生活保持开放的好奇心和充满乐趣，总能够在生活中找到新的东西，他总是在折腾，比如阿里巴巴，最能折腾的当属马云，而彭蕾等人则负责将马云的"折腾"落实到位。因为他们的"折腾"，带领阿里巴巴渡过了一次又一次的危机，阿里巴巴就是在这样一群能"折腾"的人的带领下发展壮大的。

然而，片面强调乐观也是很危险的。如果只是乐观，不允许有人指出一件事、一个项目可能存在的负面影响，时间久了，就没人敢在你面前讲实话了。所以彭蕾眼中的"乐观"更多了一些理性，更倡导乐观与理性之间的平衡。

---

[1] 彭蕾：这就是阿里巴巴的人才观，2017-1-9，https://mp.weixin.qq.com/s/zNYKdtmutydmFlr2rtEtsQ。

我们在充分客观理性了解当下真实情况之后，仍然充满了好奇心和乐观向上的精神，这才是对于乐观的完整解释。[1]

最后一个标准是"自省"。自我反省的能力意味着当你看到周围有不好的、或者是令自己觉得受挫、或者是让自己不太有机会和希望的时候，包括你看到周围环境不好的现象时，首先要先看看自己，面对这些境遇，自己能做什么，能不能改变一些东西，改变一些状况。[2] 彭蕾不仅这么说，也将这种自省能力应用到了团队管理中。她每年都会做"复盘"，不是一对一，而是整个团队一起开展批评与自我批评。作为领导的彭蕾先讲自己的问题，"自残"完了再对其他人"放枪"，让每一个人都彻底分析自己一年做的哪些是对的，哪些是不对的，然后她会当面给属下打分，直接告诉他是 3.5 还是 3.75，对于没有满足自己期望的人，彭蕾也是直言不讳。[3] 整个过程很残酷，但是经过风雨洗礼后，彭蕾的团队的战斗力直线上升。

这样做还要有一个前提，就是团队相互间有足够的信任，不然，"复盘"会议只能导致两种不良后果，要么不敢说，要么说完团队也差不多崩了。所以，彭蕾更大的任务是让员工认同阿里的愿景、文化和使命，一群有情有义、彼此信任的人，做一件有价值、有意义的事，这是彭蕾心中的坚持，也是阿里巴巴的组织愿景，这其中蕴含的能量将超乎想象。

---

[1] 阿里巴巴合伙人彭蕾告诉你，阿里酷爱的人才需要具备哪些特质，2017-1-3，https://mp.weixin.qq.com/s/wv5oKnb0YEf6HV5LKCsVfw。

[2] 阿里首席人才官彭蕾说，未来 Leader 要具备这四个特质，2015-5-1，https://mp.weixin.qq.com/s/GQTPL5oEEZXNbOgvwpRjuA。

[3] 彭蕾：这就是阿里巴巴的人才观，2017-1-9，https://mp.weixin.qq.com/s/zNYKdtmutydmFlr2rtEtsQ。

人才是养出来的

一直以来，人才都被阿里巴巴视为是利润最高的产品，即便是在阿里巴巴最困难的时刻，阿里巴巴仍然拿出 100 万（当时阿里巴巴仅剩 700 万资金）进行员工培训。所以，彭蕾在发展人才方面下足了功夫，从"百年大计""百年湖畔"到言传身教，从价值观考核细则到针对空降高管的"降落计划"等，上至高管下至普通员工，都会受到阿里巴巴全方位的培训，使其快速融入阿里大家庭，自然散发出"阿里味儿"。

"我们要把公司系统做出来，培训是非常关键、必不可少的一步。"[1]

阿里巴巴的管理培训是从 2000 年底开始的，最早的管理培

---

[1]刘世英、彭征:《马云正传:活着就是为了颠覆世界》，海南:南方出版社，2014 年，kindle 版本，第 2983 页。

养体系有三个，即 AMSP、AMDP、ALDP[1]，当时阿里巴巴本身培训经验尚浅，所以这三个培训体系是与外部培训机构合作开发的，由马云亲自上课。当时比较出名的有"侠客行""赛金花""飞雁班"等。后来，经过近 20 年的实践与磨合等，彭蕾等人逐渐摸索出一套"知行合一"的学习体系，即新人系、专业系、管理系。[2]

首先是新入职员工，阿里巴巴并不着急让他们入职，而是先从看、信、行动（探寻求证）、思考、分享五步骤，动、静结合地去体验五天之旅。[3]其中，以"客户第一"为线，还原阿里的"六脉神剑"价值观，让新员工铭记，任何情况下客户都是衣食父母，而且是决定生死命运的第一因素。[4]此外，阿里巴巴培训的第一课是不外包的，因为第一堂课讲的是阿里巴巴的使命、愿景、价值观。在阿里巴巴员工发展到几千人的时候，也还是马云亲自讲第一课，以此传递阿里人的精神与坚持，让新员工与阿里巴巴历史和文化进行一次心灵上的触碰。

为了让培训专业化，运营大学、产品大学、技术大学及罗汉堂等机构逐渐成立。运营大学是基于运营专业岗位的胜任力模型和公司战略方向，为全集团的运营人员提供学习内容和环境的场所。在这里讲授的 100 门课程完全是阿里根据自身业务情境研

---

[1] 大山：阿里 11 年老员工揭秘阿里内部培训工具，2017-2-24，http://www.360doc.com/content/17/0224/06/37429412_631569913.shtml。

[2] 阿里 HR 全揭秘：面试、晋升、层级、培训体系，2018-6-29，http://www.sohu.com/a/238490030_163497。

[3] 阿里 HR 全揭秘：面试、晋升、层级、培训体系，2018-6-29，http://www.sohu.com/a/238490030_163497。

[4] 赵建：《马云传》，北京：中国画报出版社，2014 年，第 164-165 页。

发出来的，而且可以向不同层次的人群提供更为个性化的学习方案[1]，如保证新人快速胜任岗位的脱产学习、促进高潜力员工交流成长的运营委员会等。

产品大学主要提升互联网产品经理的能力，其中，"PD新人特训营"是针对入职3个月内的产品经理，进行系统性脱产学习，加速员工对阿里产品架构、岗位的认知，使其快速胜任岗位；"产品大讲堂"以实战案例为切入点，促使员工能力再上一层；而产品经理委员会主要面向高潜力员工，通过定期、不定期的产品论剑、产品体验、游学交流等活动，解决业务疑难问题，积淀专业知识。

阿里巴巴作为互联网龙头，技术研发是保证其他一切工作顺利实现的前提。为让技术人员接触到最顶尖的技术，阿里巴巴开设的技术大学的课程多达数百门，除了开课，还专门设立开放式的ATA技术沙龙，通过交流实现思想的碰撞、思维的拓展；并且时常邀请全球技术专家讲授最前沿技术发展趋势，开拓员工视野，实现技术能力的再突破。

学习是无止境的，在阿里巴巴同样有终身学习的传统。针对"三年醇"员工，阿里巴巴开设罗汉堂，对这一群体进行通用能力培养，其学习内容主要围绕情绪管理、沟通合作、工作效率、思维表达等内容进行，完全贴合阿里工作情境，实操性极强。

针对管理者的培训，则主要包括著名的管理"侠客行""三板斧"和"湖畔学院"。

---

[1] 让你看到一个真实的阿里 | 阿里巴巴是如何培训、提拔人才的？ 2017-7-7，https://www.sohu.com/a/155320036_329444。

阿里巴巴一线管理者可以通过"侠客行"进行管理能力的学习。"侠客行"是阿里巴巴开发较早的培训体系，它通过业务线和层级进阶推进管理学习，培养了大批内部管理者讲师。通过"课上实例演练＋课后真实作业练习＋课后管理沙龙"的不间断学习方式，保证持续对焦管理者在"角色与职责"上的统一认知；根据不同管理场景与复杂度，提供系统完整的领导力提升方法论和应用技巧；在侠客行"管理沙龙"中，通过学习，有助于提升阿里资深管理者与同期管理者之间的语言、心力和能量场默契度。

在阿里巴巴的培训体系中，最有特色的当属"三板斧"。"三板斧"最早可追溯至 2010 年 5 月的阿里人才盘点。马云、彭蕾等人闭关了好几天，先是听取各子公司、各部门的人才盘点汇报，经过讨论，发现了不少组织问题。尤其是在阿里上市前后，空降了不少高管，他们在带来新鲜血液的同时，也稀释了阿里的文化。于是，在人才盘点之后，马上召开了组织部大会。正是在这次大会上，马云提出了"三板斧"理论，要求每个层次的管理者分别掌握三个基本功，反复练习，反复应用。此时，只有一线管理者的"三板斧"有明确要求，即 Hire&Fire、Team Building、Get Result，而针对中层、高层管理者的要求并没有明确，是后来总结出来的。

而开发出"三板斧"管理课程的是湖畔学院。这里要注意的是，湖畔学院和湖畔大学是两个概念，湖畔学院是阿里巴巴内部管理者培养的部门，受阿里巴巴集团 HR 管理。湖畔大学则是马云和业内知名企业家，如冯仑、郭广昌、史玉柱等朋友合办的培训机构，是对外的。马云说，之所以取名"湖畔"，是为了让大家记住我们的创业初心，记住创业者的车库精神。[1]

它是针对公司高管群体的能力培养，目的在于发现、培养、训练企业家精神。在这里，既有互联网产业的创业者，也有传统行业的创业者，不同背景、经历的创业者作为学习者，聚集一堂，互相交流分享管理经验，解决大家在管理中遇到的战略定位、领导力提升、文化融入及传承等迫切性问题。其中的"湖畔大讲堂"，由国内外杰出学者、业界领军人物进行经验分享，以此提高学习者的格局和视野。彭蕾时常在大讲堂讲课，以亲历者身份回顾阿里巴巴创业的关键节点，分享实战案例和管理经验，传递阿里巴巴价值观和文化精神，深受学习者好评。

在接到"三板斧"的开发需求后，湖畔学院的管理培训团队开始了紧张的技术开发。最开始是 Hire&Fire、Team Building、Get Result 这三门课程，经过整合后，变成了一套四天三晚的体验式课程。

此时，彭蕾刚刚接管支付宝，同时兼任集团 CPO，所以就在支付宝先行试点了"三板斧"课程。因为该课程形式新颖，且主讲人都是阿里巴巴集团的高管，所以深受欢迎。彭蕾十分重视这次的试点，并在课程开办、结课时，作为总的点评嘉宾，给学员们进行了点评反馈。

紧接着，湖畔学院又设计了针对高管的"腿部三板斧"：定战略、造土壤、断事用人。[2]只是这次没有开发具体课程，而是以业界超级大咖的分享为主。

[1]湖畔大学开学，校长马云：做企业要像农民一样，2019-3-27，https://mp.weixin.qq.com/s/LoeWozN5UlBDvIsNJsdLQA。
[2]大山：阿里11年老员工揭秘阿里内部培训工具，2017-2-24，http://www.360doc.com/content/17/0224/06/37429412_631569913.shtml。

与此同时，B2B 的培训团队在邓康明的指导下开发出了"腰部三板斧"：揪头发、照镜子、闻味道。讲师阵容同样豪华，蒋芳、俞朝翎负责"闻味道"，彭翼捷负责"揪头发"，干嘉伟、吴敏芝负责"照镜子"，他们把自己多年的宝贵经验倾囊相出，让中层管理者受益匪浅。

因为效果显著，后来又延伸出了解决业务问题的"业务三板斧"和明确战略导向的"战略三板斧"培训体系。

"三板斧"系列最大的亮点就是实战演练，它有两条线，一条是真实的业务场景，在一定的时间内进行探讨并解决问题；另一条是模拟管理场景，即把平时的管理动作在现场进行演练，通过呈现、反馈、观察、反思，提升管理者的管理能力和意识。[1]值得注意的是，"三板斧"的讲课流程相当出彩。先是由主持人带动全场气氛，促使学员思考，再由嘉宾大咖现场点评学员的项目和管理动作，指出问题所在，讲师则以自身经验，总结一些管理方法论分享给学员，另外还有观察员等角色助阵。

借助实战演练，大家一起解决管理、业务中的实际问题，以战促学，以战验学。

"三板斧"系列能在阿里内部得到广泛传播，与当初的开发者之一——孙鉴有很大关系。2010 年，"三板斧"在支付宝连开两期之后，湖畔学院的研发小组便撤出了支付宝，而孙鉴则继续留在这里进行课程优化。后来她转岗到天猫之后，便在天猫开始了"三板斧"的推广。现在，"三板斧"课程已经成为基层及部分中层管理者的必备课程之一，给人留下了深刻印象。

---

[1] 大山：阿里 11 年老员工揭秘阿里内部培训工具，2017-2-24，http://www.360doc.com/content/17/0224/06/37429412_631569913.shtml。

工作也需要仪式感

张爱玲曾说过："生活需要仪式感，仪式感能够唤起我们对内心自我的尊重，也让我们更认真地去过属于我们生命里的每一天。"我们经常听到有人说，生活是需要一点儿仪式感的。同样地，工作也很需要仪式感，它是传递企业文化的一个重要载体，能让员工与企业因为有仪式感的某一天或某一刻而更加亲密。

致力于阿里巴巴文化建设的彭蕾，自然十分明白仪式感的重要性。为了让"虚"的阿里巴巴文化变成"实"事，变成每一位阿里员工心中的事，彭蕾除了将阿里巴巴的价值观与绩效考核直接挂钩，还将阿里巴巴某些重要时刻变成固定化的仪式，传承下来。彭蕾说："通过这些活动员工们可以看到，我们讲的价值观到底是什么？"[1]

---

[1] 对话彭蕾：阿里巴巴的 DNA 密码，2009-11-9，http://finance.sina.com.cn/leadership/mroll/20091119/11296987527.shtml。

第一个为人熟知的仪式就是"阿里日"。它是为了纪念 2003 年 5 月阿里人抗击""非典""时所体现的果断、团结、敬业、互助互爱和永不放弃的阿里精神,而于 2005 年设立的。[1]每年的这一天,阿里人可以带着自己的宠物上班,也可以穿睡衣去公司,还可以带着孩子来工作,在阿里巴巴全球的各个办公室里,都可以看到各类奇装异服的小二在狂欢。

"阿里日"还是公司的"亲友日",阿里人的亲属、朋友都可以来阿里巴巴参观,亲身感受阿里巴巴的文化精神。这一天还是阿里巴巴著名的集体婚礼日,每年从众多报名者中选出 102 对新人,而且每年必定会有一个熟悉的面孔出现——证婚人马云,每一次的证婚词融合阿里巴巴的价值观和当年形势,成为当年的话题爆点。此外,这一天也是"阿里十派"(阿里员工自发组织的宠物派、足球派等兴趣俱乐部)等小团队的嘉年华狂欢,且每一个团体都会将各自俱乐部的活动照片贴到"文化墙"上,彰显自己独特的风采。

对于"阿里日",马云寄予极大期望,他说:"在每年的五月十日,我们会推出一系列的活动来激荡和升华每位阿里人心中对阿里精神的领悟,让更多的同事看到、听到、闻到身边的同事是如何在工作中展现阿里价值观、如何在平凡中孕育奇迹。"[2]

"阿里日"不仅仅是对在职员工,离职员工同样可以报名参加。另外,阿里巴巴在每年的特殊节日里都会向离职员工发送温

---

[1]陈国海、刘贵鸿、陈祖鑫:《阿里巴巴政委体系》,北京:企业管理出版社,2018 年,第 77 页。

[2]阿里日,https://baike.baidu.com/item/%E9%98%BF%E9%87%8C%E6%97%A5/3004896?fr=aladdin#2。

馨祝福，让每一位曾经在阿里奋斗过的人感受到阿里娘家人的关心。

除了"阿里日"，每年举办 4 次的授戒仪式也相当隆重。前文提到过，在阿里巴巴，有"一年香，三年醇，五年陈"的"年陈"文化，等到员工待满五年之时，他们会上升为"内部导师"，通过影响新人、身边人，把阿里巴巴的文化传承下去。这也是彭蕾坚持告诫职场人，任何工作即使忍无可忍，也要待满五年的缘由。

所以，授戒仪式主要是针对"五年陈"的员工。2004 年，阿里巴巴成立五周年之际，诞生了彭蕾等第一批"五年陈"员工，马云也是。每一年，符合条件的阿里员工都会被邀请回到杭州总部，马云会亲自为他们带上刻有其姓名缩写的白金戒指。

为了给员工们定做合适的戒指，要提前四个月测量员工手指粗细，以确定戒指大小。戒指上面除了阿里巴巴的 LOGO 外，同时还有每个人与众不同的标签。彭蕾等人之所以要把授戒仪式做得如此隆重，是因为想通过这种仪式感，让所有员工都清楚公司是十分重视获此殊荣的员工的，正是因为有了这些坚持的人，阿里精神才得以传承下去。

"KO 大会"也是阿里巴巴很有仪式感的会议。"KO"全称是 Kick Off，该词源自于足球，意即发球、开球，后来引申为"开始做某事"。在阿里巴巴，KO 则是所有人聚在一起的员工大会，相当于其他公司的年会，只是阿里的"年会"是在每年 4 月举行。届时，阿里每个区域，如浙江大区、华南大区、中西部大区等就会举办一次 KO 大会。随着员工的增加，让阿里全球的员工聚在一起越来越不现实，所以，就演变成了各个子公司单独承办本区域的 KO 大会。^[1]这个大会更像是阿里人的家庭聚会，大家坐在一起谈天说地，既有对过去一年的总结，又有对未来的畅想和展望，最能点燃大家激情的非"奶牛之夜"莫属了。

之所以将晚会定名为"奶牛之夜"，是因为阿里最初是靠阿里国际的收入活下来的，于是，阿里国际被大家形象地称之为"奶牛"，哺育了阿里其他部门。而让阿里国际盈利的是阿里巴巴最为神秘，却也是执行力最强的一支队伍——中国供应商，也就是阿里铁军。

中国供应商其实是一个面向全球的贸易市场，只不过和真实的市场不同，这个市场是建立在网上的。在阿里巴巴的市场里，商家可以开店，发布自己的商品信息，从而获得订单。^[2]

换言之，中国供应商每年向阿里巴巴缴纳 4 万元的服务费（高级会员为 6 万元），阿里巴巴利用自身网络平台优势，汇聚大量商品信息，通过线上推广、线下参展等方式向全球推荐中国的出口商，促成签单。更厉害的是，阿里巴巴推出的"内部信息排名服务"，卖家通过"竞价"可以让自己的店铺占据市场的显眼位置，以此获得更多关注。这种模式今天看来已经广为人知，但是在当时很长一段时间里，全球都找不到第二家有类似运营模式的公司。为了抢占最显眼的位置，商家们心甘情愿地向阿里巴巴交大把大把的钱。于是，阿里巴巴第一头"奶牛"开始产奶了。

为了让这头"奶牛"产更多的奶，阿里巴巴精心打造了一支销售铁军。为了激励和奖励这支铁军，中国供应商部门每年就

---

[1]陈国海、刘贵鸿、陈祖鑫：《阿里巴巴政委体系》，北京：企业管理出版社，2018 年，第 84 页。

[2]张燕：《马云全传》，四川：四川人民出版社，2015 年，第 180 页。

会举办一次"奶牛之夜"晚会，这个晚会完全是员工自导自演，集表演、游戏、合作、激情、欢乐于一体，不论是员工、客户还是供应商，都会被"奶牛之夜"所展示出的阿里式激情所感染[1]，"奶牛之夜"也从中供部门的年会发展成为阿里巴巴集团体现多元文化、加深关系与增进了解的良好载体。

---

[1]陈国海、刘贵鸿、陈祖鑫:《阿里巴巴政委体系》，北京：企业管理出版社，2018年，第84—85页。

第四章

让价值观看得见、做得到

　　价值观一向被认为是很虚的事情，然而，彭蕾把它一一量化，每一条都有具体的行为描述，并将其纳入绩效考核，还占了 50% 的比重；因为老板马云的一句话，彭蕾又将军队的"政委制"成功复制到了阿里巴巴，这一创新举动不仅成为了阿里巴巴管理体系的一大特色，也成为了阿里巴巴留住人才的坚实保障。

文化不是做出来的，是"长"出来的

阿里巴巴的企业文化能发展到现在的规模并非一朝一夕的事，也不是一成不变的，它是随着阿里巴巴的发展逐步成长起来的，正如彭蕾所说：

> "我从不觉得文化是做出来的。文化和业务规划不同，无法计划。企业文化可以先有个指引、感觉，但它只能随着公司发展慢慢'长'出来，拥有自己的味道后，你再看有意思的地方，因势利导，进而做成体系结构。"[1]

在湖畔创业时代，阿里巴巴还没有明确的企业文化，但是马云、彭蕾等"十八罗汉"在实践中形成了文化默契："可信、亲切、

---

[1] 曹可臻、王瑞斌：对话彭蕾｜阿里巴巴的文化保存与价值观考核，2017-09-13，https://www.sohu.com/a/191806841_163538，转自《绿公司》，2009-11-19。

简单"。2001 年关明生加入后，引入 GE 的框架体系，正式明确了阿里巴巴的企业文化，即著名的"独孤九剑"，后来精炼为"六脉神剑"。

2003 年 5 月，淘宝网横空出世，10 月，作为电子商务一个里程碑的支付宝正式上线；2007 年 1 月，阿里软件成立……一个个新崛起的子公司均有自己独特的业务属性，工作氛围也各有特色，彭蕾说：

> "淘宝做网上交易，非常活泼，讲究个性，更加年轻；B2B 面对的是企业，贴近中国草根；支付宝偏金融，强调严谨……每个子公司因业务差别，文化痕迹不同，如果全部套用'六脉'文化，文化在子公司很难落地。"[1]

根据阿里巴巴的实际发展情况，彭蕾发起了"子橙文化"建设。之所以会选择"橙"这个名字，是因为"橙"与"成长"的"成"谐音，代表着员工和公司都像橙子一样在成长，从青涩到成熟，最后散发出香味；同时，"橙子"也代表着阿里巴巴的文化就像有皮、肉、核的橙子一样，有着丰富的层次。[2]

在这个文化体系中，"六脉神剑"依然是核心，是橙核，而各个子公司自己"长"出来的文化则是橙肉，负责丰满阿里巴巴文化体系。

[1] 曹可臻、王瑞斌：对话彭蕾 | 阿里巴巴的文化保存与价值观考核，2017-09-13，https://www.sohu.com/a/191806841_163538，转自《绿公司》，2009-11-19。

[2] 郑晓芳：走进支付宝，看混搭的企业如何构建，2012-11-26，http://tech.hexun.com/2012-11-26/148365522.html，转自《商业院》。

在众多的企业文化中，根基最深的是阿里巴巴 B2B 的笑脸文化和 Fun 文化。无论是马云还是彭蕾，或者其他阿里巴巴的人，让人印象深刻的都是他们灿烂的笑容。用马云的话说，"没有笑脸的公司是痛苦的"。[1] 阿里巴巴的 LOGO "A" 的背后也是一张笑脸。在这里，员工工作的目的，除了有一份满意的薪水和良好的工作环境之外，更要在公司里快乐地成长！员工们可以在公司开展各种娱乐活动，如羽毛球、篮球、摄影、车友、电影等活动，组成兴趣小组——兴趣派，以"阿里十派"最为有名。[2]

更重要的是，阿里巴巴的员工以年轻人为主，青春、活力、搞怪、创新是他们的标签，所以在阿里巴巴工作还有句口号："work with fun。"Fun 文化也被称作是"骚文化"，阿里巴巴每年的年终大会都会选出"十大明骚"和"十大暗骚"，并予以重金奖励。这里的"明骚"和"暗骚"实际上是指性格上的区别，如果是外向热情、爱帮助别人、善于表达的人，就可以报名"明骚"参选，如果是性格内向，话少稳重，有独立创新能力，则可以竞争"暗骚"排名。而且，只有为阿里巴巴做出了重大贡献的人，才有资格获封此称号，所以每年都会有很多员工为这些称号而努力拼搏。马云本人也是 Fun 文化的话题制造者，在年会上，他经常以超级雷人的造型登台，所以，"十大明骚"之首常年被他占据。

"倒立文化"则是淘宝独有的文化管理模式，其产生也是很有戏剧性。2003 年正值"非典"肆虐，受集团影响（一名员工被确诊为"非典"疑似病例），淘宝的员工被隔离在湖畔花园里。

---

[1] 马云：阿里的工资不一定是最高的，但员工工作起来一定是最开心的，2018-7-6，http://baijiahao.baidu.com/s?id=1605223284733379165&wfr=spider&for=pc。

[2] 鲍茹萍：阿里巴巴的企业文化研究，《纳税》，2017 年第 2 期，第 110 页。

当时正是淘宝创业初期，非常辛苦，为了锻炼身体，活跃工作气氛，员工们利用狭小的空间倒立一下，唤醒大脑。慢慢地，大家发现倒立不仅好玩，还很有意义，因为头冲下有种让人耳目一新的感觉，能触发更多的灵感。在与 eBay 的较量中，"倒立"更让大家受益匪浅，因为倒立对很多人来说是一件很难的事，有的人可能一辈子都没倒立起来过，而一旦倒立起来，信心就会大增，就像当时的淘宝想要打败全球 C2C 巨头 eBay 几乎是不可能的，但是淘宝的员工利用倒立的心态，一举完成了看似不可能的任务。此外，倒立时可以从另一个角度看到全新的世界，淘宝要想成功，也要换个思维，保持创新。

于是，倒立就成了淘宝员工入职的必备技能。新人入职培训中就包含了学会倒立，一周学不会，就再学一周，直到学会。男生倒立 30 秒，女生 10 秒才算过关。为了弘扬倒立文化，淘宝网还从 2004 年开始，每年都举办一次倒立比赛。

"店小二文化"也是淘宝的招牌。淘宝网一直坚守"客户第一"价值观，其员工全部自称"店小二"，以极具中国特色的"小二"身份坚持与客户沟通互动，向客户明确传达出一个信息：客户是上帝，淘宝的员工就是端茶送水、服务周到的小二。孙彤宇认为，"淘宝是大家的淘宝"，员工要根据客户的需求去设计功能。正是如此极致用心的服务，让淘宝在短短几年时间里就打败了 eBay。

从淘宝剥离出来的支付宝，继承了淘宝的"花名"（武侠）文化。但随着业务的迅速发展，一个体现支付宝特质的新子橙文化亟待建立。2007 年，邱昌恒等高管和支付宝的老员工一起在西湖边的一家咖啡店里，讨论自己的文化，最后觉得"专业、欣赏、全力以赴"很适合支付宝。但是，这一文化遭到彭蕾的反对，因为这种讨论太无趣了，她说：

> 阿里巴巴的文化应该是很有活力的，很好玩的。[1]

在彭蕾的启发下，大家的思维开始活跃起来，于是三个英文词被创造了出来：Moer：牛的叫声，代表专业；Wow：赞叹词，意即欣赏；Go Go Go：代表团队合作，全力以赴。支付宝的亚文化就此诞生。

支付宝最独特的文化当属"裸奔文化"。这一文化的缔造者是花名"苗人凤"的倪行军。彭蕾对他的评价是"老苗（苗人凤）在工作中自始至终不计回报的感情和心力的投入"。[2] 2006 年，支付宝日交易额破 700 万的前一天晚上，苗人凤在旺旺上开始讨论庆祝的事，他开玩笑说要"裸奔"庆祝，结果第二天，同事们合伙将他的衣服"扒了"，为了兑现承诺，他只好疯狂地在办公室里"裸奔"了一回。至此之后，"裸奔"文化在支付宝流传开来，成为了一种传统。每当交易额突破历史记录时，员工们就会推选一个有巨大贡献的人"裸奔"庆祝，这也成为拉近支付宝管理层和普通员工距离的极好方式。

彭蕾说：

---

[1] 邱昌恒：快乐的阿里"五年陈"，2010-3-3，http://finance.ifeng.com/news/people/20100303/1882148.shtml。

[2] 李迎：他是淘宝"苗人凤"，也是支付宝"裸奔"文化第一人，2019-2-25，《电商报》，https://www.chinaventure.com.cn/cmsmodel/news/detail/341075.html。

"我不希望阿里巴巴团队只看业务、效益、项目、数字，我希望我们带着一种美好的体验去达成一个伟大的目标。"[1]

无论何时何地，彭蕾依然坚持用触碰心灵的方式管人、做事。虽然市场经济把诚信、开放工作等很多美好的东西否定了，但近年来的文化复苏再次让中国人和中国企业慢慢回归纯真本质，这让彭蕾更加坚信美好的事物能够重新长出来，她要让冷冰冰的制度体系有"心灵的东西在"，而不只是头脑产物。注重文化建设的阿里巴巴也一定可以成为一家伟大的全球企业。

价值观也可以量化

现在，不论是政府还是公司，价值观建设都被放在了重要位置，但是价值观本身是一个很虚的事情，如何让价值观建设"走心"而不流于形式，是很多公司亟需解决的难题。而这对彭蕾来说，并非难事。

彭蕾说：

"文化如果只是通过一些活动和培训，无法让一个年轻团队真正了解。一个企业的发展，就像一个小孩的成长，一定要有明确的标准。员工要知道该怎么做，不该怎么做。价值观不是惩罚人的工具，而是做事情的准则。"[1]

---

[1] 曹可臻、王瑞斌：对话彭蕾 | 阿里巴巴的文化保存与价值观考核，2017-09-13，https://www.sohu.com/a/191806841_163538，转自《绿公司》，2009-11-19。

从"独孤九剑"到"六脉神剑"再到阿里橙文化，为了让阿里巴巴的价值观深入人心，彭蕾推出了独特的绩效考核系统，即将"六脉神剑"一一量化，变成了"看得见、做得到"的行为指南，每一条价值观满分5分，1—5分都对应着详细的行为指南，共有30条考核细则。这个分数比重占到了整个考核的一半。

例如，针对"六脉神剑"中的第一剑——"客户第一"的考评，根据考评标准，把员工的行为细化为5个层次：

尊重他人，随时随地维护阿里巴巴形象（1分）；

微笑面对投诉和受到的委屈，积极主动地在工作中为客户解决问题（2分）；

与客户交流过程中，即使不是自己的责任，也不推诿（3分）；

站在客户的立场思考问题，在坚持原则的基础上，最终达到客户和公司都满意（4分）；

具有超前服务意识，防患于未然（5分）。[1]

对此，作为阿里巴巴价值观创建者之一的关明生说过，在阿里巴巴人手少的时候，接待处是要负责接听客服电话的。有一次，电话响了，工作人员没在旁边，他接起了电话，结果被客户骂了半个小时。作为公司的COO，做到这个程度，也才拿到3分而已。阿里巴巴的价值观考评之严格可见一斑。

---

[1] 关明生：价值观何以重要，阿里巴巴是如何落地的？ 2018-08-08，http://www.sohu.com/a/246001161_770091。

在实际运用中，这套价值观考评系统分为员工自评和部门主管考评，即员工自己先对照价值观考核细则进行自评，然后由主管再进行考评。部门主管会将考评分和员工的自评分进行比较，根据比较结果找员工进行面对面的绩效谈话，先是肯定其出色的工作表现，再指出当前存在的不足，给出改进方向和意见。

价值观考核和业绩考核频次一样，每季度进行一次，结果分为优秀、良好、合格和不合格。在顺序上也做了要求，即只有达到较低分数对应的标准之后，才能得到更高的分数，从低到高逐项判断。[1]更严格的是，任意一项价值观的得分在1分以下的人，是没有资格参与绩效评定的，奖金也就没了。

一开始，员工们很难接受、认可这套严格、精细的绩效考核体系，各种各样的争议都有。彭蕾做了大量的相关培训，主要是教员工怎样做到价值观推导的行为。历经一年多的适应期后，大家才慢慢接受这种考评。

慢慢地，彭蕾发现了一种不好的苗头，原本是要激励员工的价值观，演变成了主管批评员工的工具。这种危险苗头必须扼杀，于是，从2005年开始，阿里巴巴规定，主管在打分时，必须列出评分的事实依据，不能笼统地说某个员工价值观不好，杜绝领导用价值观处罚员工。

事实上，这种严格的价值观考核不只是针对普通员工，从2007年开始，总监及副总裁等高管同样要受到价值观考评，而且对高管的考评更为严格，在"六脉神剑"的基础上，增加了三项

---

[1]关明生：价值观何以重要，阿里巴巴是如何落地的？ 2018-08-08，http://www.sohu.com/a/246001161_770091。

领导力的考评，即"眼光、胸怀、超越伯乐"，这就是著名的"九阴真经"，半年一次。

彭蕾说：

> "我们考核的目的是要大家去看价值观的解释。被考核的不是文化，而是你在公司中行为处事的准则。比如敬业的最好表现是什么？大家看到绩效考核之后就知道怎么做。"[1]

仅仅依靠考评，并不能真正地让大家发自内心地认可价值观，提升文化认同感、团队凝聚力的根本前提是信任与真诚。

2009 年初，彭蕾、蔡崇信等阿里巴巴高管们组团参访美国企业。一天晚上，大家喝了点儿小酒，蔡崇信便提议大家互相点评一下对方。可能是因为酒的助兴，更是因为这种新颖的提议，彭蕾他们彻底打开了心扉，毫无保留、无需顾忌的互相说着我眼中的你，你眼中的我，从晚上 8 点一直聊到了凌晨 1 点。经过这种交心的聊天，彭蕾感觉和大家的距离又近了一步，也知道了自己以为的自己和周围人的看法真的是不一样的。

从美国回去后，彭蕾立即着手推广这种让人获益匪浅的"群心会"。总裁们先在各自的子公司里互相评价，然后再评价集团的高管。在工作环境里，能毫无遮盖地把自己对别人的看法说出来，做到如此深入的"交心"是十分罕见的。

---

[1] 曹可臻、王瑞斌：对话彭蕾 ┃ 阿里巴巴的文化保存与价值观考核，2017-09-13，https://www.sohu.com/a/191806841_163538，转自《绿公司》，2009-11-19。

一直以来，无论在哪个岗位，彭蕾都不太"守规矩"，不走寻常路。她经常说的是，让制度和体系里面都有心灵的东西在，而不只是头脑的一个产物。要通过"触碰心灵"的方式管人。她说：

> "在阿里巴巴这个环境里，真实是信任最重要的前提。优点、缺点、强项、弱项，所有东西都透明。在阿里巴巴什么都可以，唯一难受的就是'装'。"[1]

阿里巴巴用人的一大特色就是"空降"，如关明生、卫哲等，都是"空降"的高管。这类人管理经验丰富，成熟稳重，相应地，他们的世界观、价值观已经定型，很难改造。如何让他们尽快融入阿里，认可"六脉神剑""九阴真经"是一个不小的挑战。于是，"百年湖畔"培训应时而生。在一个月的时间里，马云和各子公司的CEO亲自向"空降兵"们讲课，主要内容不是如何让阿里巴巴多赚钱，而是阿里巴巴的企业历史、文化、"九阴真经"等，目的就是为了让思想基本定型的人拥有"阿里味儿"。

在新高管入职3个月后，阿里巴巴集团负责人会和他做一次"回炉"沟通，并在公司内部找一个与他经历、级别相似的伙伴，为他答疑解惑，也就是所谓的"师徒制"。师傅言传身教，在日常示范中，将企业制度文化渗透给新人，并在其出现违法违规倾向时，及时给予提醒和纠正，让新人更迅速地融入到阿里巴巴的大家庭。

---

[1]曹可臻、王瑞斌：对话彭蕾 | 阿里巴巴的文化保存与价值观考核，2017-09-13，https://www.sohu.com/a/191806841_163538，转自《绿公司》，2009-11-19。

　　2007 年，阿里巴巴还专门成立了组织部，它并非一个实际存在的部门，而是阿里巴巴的高管团队，也就是只要你到了 M5 或 P10 以上，你就自动晋升为组织部的一员。组织部定期举办讲座，主讲人都是阿里巴巴的大咖，讲授阿里巴巴的使命、愿景、价值观与文化。新老高管齐聚一堂，畅快沟通，互相对照，以"老人"的"言传身教"，带动新高管更快地融入到阿里巴巴的文化中去。正如前阿里巴巴副总裁邱昌恒所说："真正的企业文化在于你是否真的相信，和你是否真正地去做，老的员工是否在实践你说的东西。"[1]

---

[1]曹可臻、王瑞斌：对话彭蕾：阿里巴巴的 DNA 密码，2009-12-15，http://www.enpctn.com.cn/Item/10282_3.aspx。

上得厅堂下得厨房的"政委"

当彭蕾刚把"六脉神剑"一条一条落实到具体行为之后，马云又有了新想法。2005 年，他看了《历史的天空》和《亮剑》之后大受启发，还专门买了几十张 DVD 发给总监一级的管理层，要求仔细学习。马云认为军队的思想政治工作做得更到位。借鉴军队的"政委"体系，应该可以保证在企业层级增多、跨区域发展成为趋势的情况下，在一线员工中保证价值观的传承，同时在业务和人力资源培养方面提供更快捷的支持。[1]他立即将这一想法付诸行动，授意彭蕾在阿里巴巴设立"政委"。

在公司设立"政委"这事从来没人做过，想想都觉得有些不靠谱。但是，马云多次说过，阿里巴巴要做一家 102 年的公司。要想让公司长远发展，文化传承、团队凝聚力是必不可少的，而"政

---

[1] 马云：我不会管钱，我需要政委！阿里巴巴的绩效管理之路，2018-11-16，http://www.sohu.com/a/276032096_99901853。

委"刚好可以满足这一需要。

与此同时，2004 年""非典""过后，阿里巴巴的 B2B 业务可谓高歌猛进，一日千里。高速成长行业的一个特点就是，机会多，工作多，但人不够。在这种情况下，阿里巴巴确实需要配置另外一条线，让一个有经验、有文化、对于组织建设有经验的人来辅助业务经理，帮业务经理管好队伍、建好队伍，避免业务经理因为短期的业绩压力而采取短期的做法。业务线的人看季度、年度目标完成情况就够了，政委的眼光必须放长远，格局必须宏大，至少要看到一两年以后的事情，以及整个文化传承和干部培养问题。换言之，阿里的"政委"要同时满足公司愿景、战略、文化落地、业务和人员扩张的需要。

细思之下，彭蕾开始认真琢磨如何执行老板的决定，如何创建适合阿里巴巴的"政委"。阿里需要的"政委"应该是上得厅堂下得厨房的人，即能进行组织诊断，发现真正问题，具备 HR 专业能力，提出并实施解决方案；又可以做有温度的 HR，陪伴和跟随员工成长，有独立的思考和判断，敢于说真话丑话。[1]通俗地讲，"政委"既要懂大的格局规划，又要会送温暖、聊家常、侃大山，做员工的"知心人"。

"侃大山"的结果就是，员工一旦出问题，称职的"政委"一眼就能猜出问题在哪，是跟主管不对付，还是娃又感冒了。当然"政委"里也有偷奸耍滑的，但真要一问三不知，也会

[1] 史上最全阿里政委体系解密，2016-11-29，http://www.360doc.com/content/16/1129/06/27972427_610343872.shtml。

很快被淘汰。[1]

这对"政委"本身提出了相当高的要求，因此，在彭蕾的设计下，阿里巴巴的人力资源工作就分成了两部分，一个是"政委"体系，另一个是"职能体系"。其中，超过一半的人力资源经理会从事"政委"工作，资历深职位高的是"大政委"，资历较浅则是"小政委"，不过再小的"政委"，也是在阿里巴巴工作了3年以上的人。

彭蕾对阿里"政委"的定位十分清晰，就是要确保公司的战略和文化、政策制度在各业务部门中顺利实施，还要深入挖掘业务部门的管理需求，解决业务部门在人才招聘、干部培养、员工关系等方面遇到的难题和瓶颈，为业务部门提供切实有效的解决方案，而非摆在台上的"花瓶"。当然，在此过程中，"政委"不会喧宾夺主，过多干预业务，他是帮助业务经理解决"人"的问题，明确"人"的问题的着力方向，对于业务部门来说是锦上添花。

因此，他们的职能与传统 HR 有重合，但更多的是不同，是 HR 的升级版。他们关注的是"人"，管人心、管思想，注重干部培养、人才梯队建设和团队氛围管理，致力于提升员工的忠诚度、幸福感和领导力，这点比传统 HR 只关注员工的满意度、敬业和执行力要高了一个层次。此外，阿里"政委"更加注重精神上的激励，毕竟人的欲望是在不断增长的，单纯的物质激励并不

---

[1] 17 年前她只领 500 块工资，如今她是 600 亿美元事业的掌舵人，2016-8-31，https://henan.qq.com/a/20160831/011452.htm。

能达到长期的效果，所以，阿里巴巴的物质奖励并不多，更多是像"五年陈"、名人堂、百万俱乐部等仪式感很强的荣誉激励。

阿里"政委"会参加所对应业务部门的所有例会和业务研讨会，以跟进和了解业务部门的工作。尤其是像项目立项讨论、新增营收"头脑风暴"等研讨会，是"政委"提前预判用人需求和观察员工潜力的好机会。[1]更重要的是，参加业务部门的会议，还可以获得相应团队的业务目标，有了这个目标，"政委"才好有的放矢地开展工作。

当然，"政委"在参加业务部门会议时，不能被业务牵着鼻子走，而是要跳出业务的圈子，重心放在"人"的身上，仔细甄别业务与业务之间是否存在问题，其业务目标是否是客户真正需要的，业务人员的逻辑是否流畅。

阿里"政委"每个季度都会参加所对应部门的考核沟通会，与被考核员工、主管三方一起讨论并最终评定被考核员工的业绩。在考核过程中，员工的自评分数往往与其主管的打分不一致，这种情况下，"政委"、上级和下属三方会通过沟通协调达成一致，此时，"政委"对企业价值观的把握和客观公正的态度显得尤为重要。[2]他们会从旁观者的角度，查看员工的状态是否良好，上级领导同下属的沟通是否到位。这一过程中，"政委"会据实评价员工工作表现，帮助业务经理裁人、说教，识别出势利、虚

[1] 不懂业务的 HR 不是好 HR，2018-5-9，http://www.sohu.com/a/230686827_612768。

[2] 马云：我不会管钱，我需要政委！阿里巴巴的绩效管理之路，2018-11-16，http://www.sohu.com/a/276032096_99901853。

伪之人。[1]当然，"政委"也会及时告诉业务主管表扬、奖励优秀员工。

"政委"在推动绩效考评的过程中，也会遇到各种难题。例如，有的业务主管不及时进行绩效沟通，拖延绩效考评进程，还抱怨说没有时间进行绩效沟通。并且"政委"自己也是要进行绩效考核和 KPI 完成情况验收的。对此，"政委"们会采取时间前置的方法，提前进行绩效管理的各项流程，[2]为自己留出充足的时间处理棘手问题。

除了绩效考评上的"生杀大权"，"政委"还有一项特权，即绕开业务主管，召开员工会议听取意见。之所以特意绕开部门主管，是想获得更多员工们的真实想法。毕竟，直接上级不在，会让员工们感觉更轻松些，也更愿意说出自己内心的想法。正如彭蕾所说：

> "在工作场所里，营造出一种氛围——不仅一起工作，同时也共同生活，共同享有相同的精神领域。在这样的氛围下，我们的心灵是放松的，可以更清醒地认知周围的伙伴，更加热爱生活、同事和工作。"[3]

"政委"会将听到的"意见"整合归纳，再和对应的主管沟通、处理。如此一来，可以大幅缩短意见反馈时间，提高团队管理效率。

---

[1]陈国海、刘贵鸿、陈祖鑫：《阿里巴巴政委体系》，北京：企业管理出版社，2018 年，第 112 页。

[2]陈国海、刘贵鸿、陈祖鑫：《阿里巴巴政委体系》，北京：企业管理出版社，2018 年，第 154 页。

[3]彭蕾：HR 要接地气，2018-5-13，http://finance.ifeng.com/a/20180512/16269513_0.shtml。

既要做自己，也要"捧"上级

不论是《历史的天空》中的政委张普景，还是《亮剑》里的赵刚，都是起辅佐作用的"二把手"。同样地，阿里"政委"从诞生之日起就被定位为"二把手"，辅佐"一把手"业务领导。虽然大部分情况下，人人往往关注的是"一把手"，因为他是团队的决策者、领路人。但是，"二把手"的作用也不容忽视，他既是"一把手"的智囊，又是业务"副手"，更是同僚与下属间的知心人。不过，这并不意味着"二把手"是"一把手"的应声虫，他会有自己独立的判断，辅助"一把手"做出正确的决策。那么，在工作中，"政委"究竟是如何取得"一把手"业务经理的信任的呢？

在阿里巴巴，"政委"与业务经理之间的关系时常处于十分微妙的平衡状态，在业务方面，"政委"既要懂业务，又不能喧宾夺主，避免引起业务主管的反感；而在用人、团队建设方面，"政委"则拥有绝对自主权，专研提升团队凝聚力、向心力的方式方法。

同时，业务主管在做出重大业务决策或人事任免之前都需要征求"政委"的意见。说两者是"相爱相杀"的关系一点儿都不为过。

作为"空降"到业务经理身边的人，阿里"政委"要想快速融入业务部门，让业务经理心甘情愿地接纳自己，进而发挥专业影响力，对所负责部门的人员产生更多积极影响，首要一步就是搞定关键人物——部门"一把手"业务经理。

由于"政委"和业务主管所处的位置不同，对事情的看法必然会出现不一致的地方。要想达成一致，"政委"需要定期和主管沟通并形成机制。通常，业务经理往往是站在业绩的角度做出决策，极少关注下属的心理状态、个体成长和组织氛围等软实力，这种常规做法带来的效益是短期的，不利于公司的长远发展。此时，"政委"就要站出来，根据自己的观察和总结，主动和业务经理进行沟通、反馈，进行文化"布道"。更关键的是，"政委"要有意识地营造和建立并且维护这种定期沟通机制[1]，并最终让"一把手"能自觉启动这种机制。

这就需要"政委"艺术地处理此事。碰到短视或爱搞"一言堂"的主管，"政委"决不能当面"拆台"，而是要先让业务主管听到赞美的话语，称赞其很懂业务，做得特别好，然后以虚心请教的语气，向他提出问题，这样既能减少业务主管的抵触心理，又能让主管觉得"政委"是懂他的，是一条战线上的战友。

你要先进去成为他的一部分，然后再抽离出来，再作为

---

[1]陈国海、刘贵鸿、陈祖鑫:《阿里巴巴政委体系》，北京:企业管理出版社，2018年，第98页。

HR 的整个组织能力的一套体系。[1]

不仅言语上要有技巧，沟通的地点也要精心选择。和经理聊业务决策问题，阿里"政委"不会选在办公室里，而是请他去咖啡厅或茶馆之类的场所，氛围一定是轻松愉悦的，这样有利于打开对方的心扉。开场白依然是拍马屁，然后再顺势提出自己的疑问。这样，站在业务经理的立场上与他沟通，替他想，为什么这么做这个事情，是不是有其他原因，[2]让他没有戒备地说出做那种决策的理由。最后，"政委"带着业务经理的想法和自己的思路，去和上级主管进行一对一的直接沟通，形式和前面一样，一定要先来"鲜花"和"掌声"，像朋友一样地交谈，了解主管的意见。在这一过程中，"政委"就成了主管与业务经理顺畅沟通的桥梁。

在日常工作中，"政委"带着欣赏的态度工作非常重要，学会欣赏业务领导和团队，先给予鲜花和掌声，再从公司价值观出发，综合判断业务领导的做法是否符合公司价值观，点到他们的痛处。指出痛点的方式可以委婉，但是立场必须坚定，即使碰到态度强硬的业务领导，也遵循先礼后兵的原则。而这一切都是建立在"政委"了解业务的基础上，否则"政委"很容易失去人心，成为摆设。

在与业务部门建立了良好的沟通机制后，就能进一步着手赢

---

[1]彭蕾：CEO 与 CPO 要"雌雄同体"，2017-12-19，https://mp.weixin.qq.com/s/t-Tb1__OnOFlMBd76FUEGQ。

[2]陈祖鑫：阿里政委如何解决业务部门冲突的？2016-3-7，https://mp.weixin.qq.com/s/ZdeVBB1O-lVCerlDI0gtYg。

得业务经理的信任，毕竟两人长期搭档是要有一定的默契的，而这需要双方相互信任。

阿里"政委"赢得信任的口诀是：互相欣赏、偶尔争抢、坚持立场、不时家访。[1]

"政委"与业务经理能力互补，双方在实际工作中能做到互相欣赏，"补台不拆台"，不是直接推翻对方专业上的判断，而是补充对方的专业之外的盲点，例如，业务经理可能更注重员工的业绩表现，忽视对员工价值观的培养，极可能出现为求业绩而欺诈客户、损害团队利益及公司形象的情况，[2]"政委"会采取必要措施遏制这些潜在问题。

由于"政委"在选人、用人上有绝对自主权，他们会基于公司长远发展和价值观建设，确定业务部门要选用什么样的人，在哪个岗位任职。如果价值观不符合阿里巴巴要求，即便业务能力突出，也不会被录用。在这一过程中，必然会和业务经理有所冲突，不过，由此引起的争吵只是就事论事，不会夹杂个人感情，不会破坏双方的关系。相反，偶尔的争吵往往会加深"政委"和业务经理之间的感情。

尽管"政委"的首要任务是和业务经理搞好关系，在"人"的方面全力配合业务部门发展，但是，遇到原则性的问题，"政委"是坚决不会让步的，因为"政委"是公司的利益和价值观的捍卫者，任何时候都必须坚持立场。对于违反公司价值观的人，"政委"

---

[1]陈祖鑫：HRBP攻略：如何与业务部门建立信任，2015-9-23，https://mp.weixin.qq.com/s/Mak_nm6fCX6Zv3olyedIEQ。

[2]陈国海、刘贵鸿、陈祖鑫：《阿里巴巴政委体系》，北京：企业管理出版社，2018年，第102页。

具有一票否决权，而且是不受任何人左右的，即使是副总裁级别的人也无法改变"政委"的决定。

此外，为了第一时间掌握员工的动态，彭蕾规定"政委"要用一半甚至更多的时间与员工聊天，而且是随时随地地聊，通过这种"嗨聊"了解员工的业务能力、团队氛围和个人生活情况。例如，这个员工要不要买房，有没有结婚，孩子上学没？工作中有没有什么困难，是否需要指导或支持。必要时，"政委"会直接去"家访"。之所以愿意花费大量时间去了解员工的真实状态，是因为这样一来，员工出了问题，"政委"一下子就能猜出来，并能够及时采取措施解决。更重要的是，员工可以真切感受到"政委"与公司的关怀和温暖，增进双方的信任度。

最后，"政委"作为"二把手"，不仅要维护"一把手"的权威，还要树立自己的威信。但是，"一把手"业务经理的权威是不容挑战和替代的，因为它直接关系着任务的上传下达、本部门团队的执行力和队伍士气。这就要求"政委"不能和业务经理争着做"一把手"，不能各自为政，发号施令。应该让团队听从统一的号令，接受统一领导，如此方能发挥出团队最强大的力量。这就要求"政委"要摆正位置，做好"副手"。另一方面，"政委"在用人上的一票否决权，也是业务经理不能干涉和怀疑的，以此确保"阿里味儿"。既要当好副手，又要保持自身的影响力，保障公司价值观和制度的贯彻执行[1]，这对"政委"是个不小的挑战。

---

[1]陈国海、刘贵鸿、陈祖鑫：《阿里巴巴政委体系》，北京：企业管理出版社，2018年，第105页。

第五章

让天下没有挖不来的人才

　　阿里巴巴的目标是"让天下没有难做的生意"，而彭蕾的目标是"让天下没有挖不来的人才"。挖得来人才，更要留得住人才。对此，彭蕾喜欢换位思考，从对方的角度去寻求最佳的解决方案。于是，她用"奔月计划"挖来了技术大咖王坚；以"提升幸福感"增强员工对公司的向心力。同时，她也不会迷失自我，即便是面对自己的老板，她也会不卑不亢地坚持原则，甚至和老板"拍桌子"。凭借自己多年的出色表现，彭蕾一路高歌，从底层做到了CPO，成为了阿里巴巴的"定海神针"。

即使充满争议，也要相信自己的眼光

2008 年，阿里巴巴已经成为市值百亿美元的公司，旗下的淘宝打败 eBay，坐稳了电商第一把交椅，支付宝不断壮大，渐趋独立。同时，2008 年也是阿里巴巴的瓶颈期，曾经寄予极大期望的雅虎中国成了烫手山芋，阿里软件一直不温不火（2009 年随着其总裁的离职而解散），阿里巴巴发展缓慢，被并入淘宝。尽管经过近 10 年的发展，阿里巴巴还是被外界诟病为披着技术外衣的卖货公司。阿里巴巴如何向真正的互联网公司转型，是马云要思考的首要问题，"云计算"成为他主攻的目标之一。因为阿里巴巴要建成电子商务生态系统，做未来商业的基础设施，"云计算"是必不可少的那部分。

当时，"云计算"刚刚起步，大部分人并没有看到、也不相信它的巨大发展潜力。马云看到了，并且要付诸行动，彭蕾自然要帮马云挖掘这方面的人才，尤其是马云当时十分欣赏的王坚。

王坚，杭州大学心理学博士，毕业即成教授，一年后升为博士生导师，又一年被提为系主任。1999 年，受到时任微软副总裁李开复的邀请，加盟微软，担任多通道用户界面组主任研究员，后来成为微软亚洲研究院的常务副院长[1]。

早在 2007 年的时候，王坚出席了阿里召开的"网侠大会"。大会上，他和马云交流时，说了一句话：如果阿里还不掌握技术，未来将不会有它的身影。[2]

就是这样一句话，让马云觉得自己遇到了知音，觉得自己遇到了一个比自己还懂阿里的人。马云知道，王坚就是阿里巴巴最急迫需要的那个人。

既然是老板最想要的人，彭蕾自然要竭尽所能地把王坚挖过来。为了说服王坚加入阿里巴巴，她不停地对他说：我们现在很差，就希望你来拯救我们，[3]目的是把王坚塑造成一个救世主角色。见王坚还在犹豫，彭蕾又拿出了一个"奔月计划"：就是阿里的平台上，每天那么多的用户、商家，在这个平台上交易，然后有那么多的商品数据、个人数据、行为数据，这么丰富的数据，能不能够把它存在一个地方，它未来可不可以发挥更大的一个作用。彭蕾希望王坚把他们整合起来，产生化学反应。[4]后来，彭蕾回忆说，作为一个不懂技术的人，至今她也说不清"奔月计划"

[1]王坚：一个思考者的探索之路，2019-6-10，http://www.360kuai.com/pc/9d2868c2de2f06965?cota=4&kuai_so=1&sign=360_57c3bbd1&refer_scene=so_1。
[2]一个预言家的命运：忽悠马云的"骗子"，风口上的先知，2017-5-20，http://www.sohu.com/a/142173744_505802。
[3]她掌管 600 亿美元帝国，马云背后最重要的女人，2016-9-6，http://www.sohu.com/a/113676916_106390。
[4]向坤、彭蕾：浪潮之巅，优雅前行，《互联网经济》，2017 年第 11 期，第 64 页。

和王坚主导的技术工作有什么关联。

在彭蕾不懈的坚持下，2008年，王坚正式加入阿里巴巴，担任阿里云首席架构师。马云当即承诺，每年会给阿里云投10亿，连续投10年。然而，从王坚主持阿里云研发开始，就饱受争议，被批评最多的就是，他是学心理学的，他不会写代码。

其实，这都是外行人的误解。心理学有很多分支，王坚研究的是工程心理学，主攻方向是人机交互界面。至于写不写代码，王坚曾笑着回应说："如果你把我当成一个纯粹写代码的人，这一行的人也会因为我写代码而雇佣我。"[1]

当时，"阿里云"只是一个存在于王坚脑中的抽象概念，即便团队已经组建，大家还是不知道自己做的究竟是什么，更加不知道"阿里云"能不能成为现实，毕竟"无中生有"对大部分人来说，实现的可能性几乎为零。更何况，要实现"阿里云"，前期的投入是巨大的，且短时间内是看不到收益的。

即便饱受争议，马云、彭蕾却一直力挺王坚。王坚为这套阿里自主研发的互联网操作系统取名"飞天"。2010年上半年，"飞天"系统正式在阿里内部启用，为阿里金融、全网搜索和邮箱等提供技术支持。刚刚成型的"飞天"系统因为规模巨大，运行时最大的挑战在于，其硬件设备随时都可能发生故障，硬盘会坏、风扇会坏、内存会坏……随之而来的是对王坚的质疑和批评越来越多。

2012年，当阿里云的第一台云服务器正式上线后，原本该松

---

[1] 一个预言家的命运：忽悠马云的"骗子"，风口上的先知，2017-5-20，http://www.sohu.com/a/142173744_505802。

一口气的王坚却大发雷霆。因为这台服务器对外提供服务时，却出现了不少质量问题，甚至导致一家客户离开了阿里云。为此，王坚还在内部做了一次整顿，他说，"如果我们成为一家傲慢的公司，离死亡就不远了"。[1]

尽管"阿里云"的初次亮相并没有很光鲜，但是它让一直在"虚无"中摸索的王坚团队看到了希望。同一年，在王坚没有任何看得见的业绩的情况下，马云在内网上宣布提拔他为阿里巴巴集团CTO，这让大家对王坚的不满达到了顶点。很多人留言质疑王坚，一个一直在浪费资源和钱的人，凭什么当上CTO。众口铄金，以至于马云不得不回帖说，"请相信博士（王坚），给他一点儿时间"。[2]

面对这种情况，作为阿里巴巴的"守护神"，彭蕾相信自己的判断，一方面坚定地支持王坚，另一方面积极做其他的人思想工作，努力消除其中的矛盾与误解。

在2012年"阿里云"事业部的年会上，一直咬牙坚持的王坚几度哽咽，他说当时是阿里云最艰难的时刻，在台上讲话时，激动到扔了话筒，没讲完就出去了，彭蕾见情况不对，立马跑出去安慰王坚。

后来的事实证明，马云和彭蕾的坚持是对的，2016年开始，阿里云开始收支平衡，并成为阿里巴巴发展最快的板块，根据2017阿里巴巴公布的2017财年年报数据，阿里云该财年的整体

---

[1]一个预言家的命运：忽悠马云的"骗子"，风口上的先知，2017-5-20，http://www.sohu.com/a/142173744_505802。

[2]一个预言家的命运：忽悠马云的"骗子"，风口上的先知，2017-5-20，http://www.sohu.com/a/142173744_505802。

营收规模达到 66.63 亿元，同比上年增长 121%，连续两年实现三位数增长。[1]

对彭蕾而言，做"人"的工作可能是常态。阿里拥有上万名员工，在公司管理层面，CPO 的压力可想而知。而彭蕾却能够在这个岗位坚持 10 年之久，还受到马云和其他高管的信任和欣赏，足见其管理能力之强大。

一向谦逊的彭蕾，形容自己的工作：看护着这一群人以及凝聚他们的那种力量。[2]

多年下来，在阿里巴巴员工看来，身居高位的彭蕾并没有外界传言的强势凌厉，反而特别温和、亲切、接地气，成为了员工们"亲切的家人"。一直以来，彭蕾希望能找到一种能触碰人心灵的管理方式，只是现在还不具备实现条件，于是，彭蕾将这个"小目标"暂时放在心里，促进员工以及带动团队、组织快乐成长，进而促使业务生长，创造更多价值。

［1］向坤、彭蕾：浪潮之巅，优雅前行，《互联网经济》，2017 年第 11 期，第 64 页。
［2］中国十大经济年度人物评选 | 彭蕾：阿里最有权势的女人，2016-1-8，https://www.thepaper.cn/newsDetail_forward_1418246_1。

关键时刻，敢于和老板拍桌子

当 CPO（Chief Product Officer，首席产品官）与 CEO（Chief Executive Officer，首席执行官）在一件事情上产生矛盾时，尤其是 CEO 的决定存在明显错误时，该怎么办？CPO 是无条件地盲从，还是勇敢站出来，据理力争，说服 CEO 改变决策？作为具有全球影响力的人才官，彭蕾有自己的策略：

敌进我退，敌疲我扰。[1]

事实上，CPO 与 CEO 的关系既亲密又有一丝尴尬，二者原本应该是平等独立的合作伙伴，但是 CPO 往往习惯性将自己摆在"执行者""依附者"位子上。他们的最佳相处模式应该是彼此

[1] 彭蕾：一个好的 CPO 要能和 CEO"吵架"，2019-5-6，https://mp.weixin. qq.com/s/kfy1017M17_MecVOpPXfLg。

信任、共同进步，但是 CEO 的权威，CPO 的"取悦"，让二者的关系变得有些难以处理。对此，彭蕾深有感触。

她认为，当你选择做 CPO 时，你可能就选择了一个特别耗心的工作，比 HR 事务、招聘薪酬等繁琐的事情更劳心费力的是和 CEO 的磨合、沟通。

在对待"人才"这件事上，每个 CEO 的态度都是不一样的，有些人天生就对"人"敏感，有些人对"人"就是没感觉，这个是没办法矫正的。有些时候，CEO 确实不知道自己在什么时间该做哪些事情。此时，正是考验 CPO 情商的时候，要以十分智慧的方式提醒他。

或许是重庆妹子直爽的性格所致，即便马云的光环如此耀眼，在关键时刻，彭蕾也会坚持自己的观点，而不是唯命是从。她说：

> "CPO 要有胆量和勇气，告诉他（CEO）：'再不这么弄，老子也干不了。'当你有这样的能力和勇气去跟 CEO 这样对话之后，我觉得你才具备做 CPO 的第一个能力。如果今天你不具备跟 CEO 对话的能力，其实你很难跟他搭配。"[1]

2005 年（或 2006 年），阿里巴巴要办年会。年会对彭蕾来说，是轻而易举的事，按往常程序走就是了。结果，马云突然提出要搞一个 30 万的大奖出来，发给一个优秀团队。30 万，在那个年代，绝对是超级大奖了。彭蕾觉得实在没必要弄这样一个大奖，但是，

---

[1] 彭蕾：一个好的 CPO 要能和 CEO "吵架"，2019-5-6，https://mp.weixin.qq.com/s/kfy1017M17_MecVOpPXfLg。

因为马云是公司的老大，她不好当场反驳，就打算用消极怠工的方式糊弄过去。

一周之后，马云再次提起此事，彭蕾也没有当面反驳，只是说："好，我再回去研究一下。"其实这只是敷衍马云的一句话。因为，彭蕾直觉认为30万大奖有点儿过了，不适合执行。等到马云第三次提到这事时，他直接和彭蕾说："我觉得你没有认真去思考这个事情。"[1]

这个时候，彭蕾明白，30万大奖这事是躲不过去了。尽管她依然觉得这个大奖有点过了，但是她最终还是按马云的想法做了。因为当老板一再坚持去做某件事情的时候，作为下属的我们，即便心里不认同，也要去深究老板如此坚持的原因是什么。正如彭蕾所说：

> 当他坚持这个事情的时候，我就要去了解他背后想做的究竟是什么？
>
> 坦率来讲，马老师有很多天马行空的想法，我们最后有些可以消化，但是还有一部分经过他三番五次地坚持，我不一定完全认同，但我还是会去做，而且会不折不扣地去做。[2]

彭蕾很享受这个过程，因为这是CPO与CEO互相磨合对公司、对人、对文化的看法的过程。只有经过坦诚、直接的沟通磨合，

---

[1]阿里彭蕾：HR难当，要敢跟老板拍桌子，2017-12-27，https://tech.qq.com/a/20171227/016909.htm。

[2]彭蕾：一个好的CPO要能和CEO"吵架"，2019-5-6，https://mp.weixin.qq.com/s/kfy1017M17_MecVOpPXfLg。

才能让二者有更好的默契度，达到合二为一，却又能和而不同的
理想状态。

当然，彭蕾能够这样做还有一个前提，即马云是一个胸襟开
阔、海纳百川的人，不会因为她有不同意见或是没有执行自己的
命令而疏离甚至开除她。一个胸中有丘壑的管理者，不会纠结于
自己的权威是否被挑战。倘若老板听不进去一个下属建议的原因，
仅仅在于对方人微言轻，那么这个公司必然也不会有更好的发展。

当然，员工要敢于和老板拍桌子，并不意味着我们可以意气
用事，动辄就和老板唱反调。老板之所以能坐在那个位子上，必
有其过人之处，其格局和视野不是所有人都能企及的。老板自然
希望自己的命令能够第一时间得到执行，正如刘强东所说，"我
请你来不是证明我的决策是错误的，我请你来是把我的决策落实
到位、执行到位！如果有困难，你要想办法如何完成"。[1] 这
和彭蕾主张的 CPO 与 CEO 要平等对话、彼此信任并不矛盾，最
终的目的都是为了实现团队的目标，使公司更快更好的发展，只
是所占立场不同而已。

如果你比较惨，碰到了一个心胸狭窄的老板，"曲线救国"
或许是更好的选择。"曲线救国"并不意味着毫无能动性的"听
老板的话"，而是自发主动的为公司、为团队、为目标负责，只
是要换一种更委婉的方式。

同时，身为 HR，也要有自信心，不要先入为主地认为，自
己肯定改变不了 CEO，他实在太固执了。一旦有这样的想法，迈

---

[1] 刘强东：我请你来不是让你证明我错了！2017-7-31，http://www.sohu.com/
a/160933948_167028。

不出打破僵局的第一步，那么你可能永远改变不了人微言轻的地位。你要明白的是，真正有能力的人，是勇于坚持原则、敢于对事实负责、对自己负责的人。

那么，究竟如何把握与老板沟通的度呢？

首先，"冲动是魔鬼"，永远不要在情绪激动时发表不同意见。"拍桌子"的目的不是为了宣泄情绪，而是向老板陈述自己对某件事不同看法的理由，是要解决问题的。任何情绪化的表达，只会让老板觉得你不够专业、不堪大任。

其次，"时则动，不时则静"，把握争论的时机。古人讲究天时地利人和，意在时机的把握，这是大智慧，关键在于你是否冷静思考过老板的决定为何要在那样的时刻发布并执行。如果，你在听完老板的命令后，仅凭直觉就开始与老板争吵，势必会影响沟通的效率和效果。不论马云的想法多么"不靠谱"，彭蕾都不会盲目地听从或是盲目争论，而是探究背后的深层原因，有理有据，在双方都很冷静的情况下，让他听得进去。

第三，"屁股决定脑袋"，摆正自己的位置。"摆正"可分为"积极的摆正"和"消极的摆正"。"积极的摆正"是指对自己所在岗位的目标和任务有十分透彻的认知。对于CPO而言，不能将自己陷入招来了多少人、给多少人做了培训、给哪些人谈了话等杂事中。彭蕾说：

> "CEO要与CPO'雌雄同体'，CPO首先要把自己化为CEO雌的一部分，然后再把它摘出来，成为企业的一套组织能力的体系，你要先进去成为他的一部分，然后再抽离

出来，再作为 HR 的整个组织能力的一套体系。"[1]

而"消极的摆正"则是一种被动服从的状态，现实中往往表现为无条件"听话"，做出这种行为的人一般都是"讨好型性格"。他们不懂得拒绝，不愿意表现突出，过分在意别人的评价和想法，唯领导马首是瞻。这种"听话"其本质是一种"事不关己高高挂起"的心态，带来的是团队的低效与低能。

因此，在职场中，我们不能一味地畏惧权威，要有自己的原则与勇气，无论处于何种位置，关键时刻，要有"敢拍桌子"的魄力，争取与领导平等对话的权利。

---

[1] 彭蕾 | CEO 与 CPO 要「雌雄同体」，2017-12-19，https://mp.weixin.qq.com/s/t-Tb1__OnOFlMBd76FUEGQ。

员工幸福了，公司才能更好发展

欧文说："人类的一切努力的目的在于获得幸福。"但是，幸福是什么？"一头只知吃喝睡觉的快乐的猪和一个思考人生的痛苦的哲学家，究竟谁更幸福？"[1]没有人可以给出完美答案。彭蕾说：

> "这必然是一个无解的命题，幸福感本身就是一个无解的命题。"[2]

但是，在阿里巴巴十周年的时候，他们却提出了要"打造员

---

[1]幸福是什么？2013-9-14，https://www.zhihu.com/question/19564036。

[2]彭蕾离开阿里人力资源部后，与HR同事说的一番话，发人深省！2018-7-10，https://www.yidianzixun.com/article/0JV65K7S?appid=yidian&from=timeline&impId=68793 9060_1531450101829_7731&isappinstalled=0&s=8&title_sn=0&utk=bdkx6cn7&ver=4.7.0.0。

工幸福指数"。尽管幸福是非常主观的无解命题，但是每个人都会有感到幸福的时刻或者事情。因此，彭蕾想知道，阿里巴巴的所有员工，他们的幸福是由什么元素组成的。她以不丹为例。不丹不是世界上最富有的国家，相反应该说是贫穷落后的，但是，在那里生活的人们却是世界上幸福指数最高的。为了不让国民被游客过多的干扰，旅游资源丰富的不丹设置了很高的旅游门槛，并且也不愿意大力发展其他产业。同时，这里几乎人人信教，人们甘心清贫，物质生活虽然匮乏，精神却十分富足。

彭蕾想，最幸福的国家和最幸福的企业之间，是不是有互通的地方呢？从不丹的例子里，我们能得到的结论是，"幸福感是很主观的东西"[1]。从这个角度来看，阿里巴巴为"幸福"定一个指数，相当是给自己上了一个套。即便如此，彭蕾还是希望可以在寻觅"幸福因子"的过程中获得一些启示和方向。

不久，阿里巴巴便组建了幸福指数小组，专门从事幸福指数的研究和实施。在经过了内部讨论和外部学习之后，幸福指数小组的人逐渐形成了一些共识和思考："一方面，我们觉得不同的行业、不同阶段的企业以及创始人秉持的不同追求，都会对员工的幸福感产生影响；另一方面，我们并不认为企业是幸福感的主体，主体应该是企业中每一个成员的幸福感受，这是企业幸福指数的核心。"[2]

[1]彭蕾离开阿里人力资源部后，与HR同事说的一番话，发人深省！2018-7-10，https://www.yidianzixun.com/article/0JV65K7S?appid=yidian&from=timeline&impId=687939060_1531450101829_7731&isappinstalled=0&s=8&title_sn=0&utk=bdkx6cn7&ver=4.7.0.0。

[2]阿里发力最具幸福感企业愿景：员工可带父母免费体检，2017-7-18，http://finance.sina.com.cn/roll/2017-07-18/doc-ifyiamif3449222.shtml。

除了组建幸福指数小组，阿里巴巴还搭建了幸福指数平台。通过这一平台，员工们可以进行幸福自测等活动。既然幸福感是很主观的东西，彭蕾等人坚信"幸福，是有机会被创造出来的"，"不以幸福之言来说幸福之事，而是将对幸福的追求融合在组织行为的方方面面，融化在每一个人的信仰中"，[1]成为了幸福指数小组的工作目标。

如今，阿里巴巴赋予了幸福感具体的内涵：幸福感的基础层级是保障个体和家庭安居乐业；第二层级是帮助员工找到并实现其自我价值；第三层级是群体的使命感。[2]

针对第一层级的幸福感，阿里巴巴组织了一系列的"i"福利："iHome 计划"，即公司会给员工提供 30 万元无息贷款，用于购房首付；"iBaby 子女教育关怀计划"，是为员工的宝宝们健康快乐成长提供最好的环境；"iHelp 蒲公英计划"，则是为患有重大疾病的员工或其家属，提供 5-10 万元援助金；"iHope 彩虹计划"，是为家庭特别困难的员工，提供 3-5 万元的援助金。

此外，阿里巴巴还推出了一项名为"康乃馨"的关爱父母计划，即每个在职员工，每年除了自己享受一次公费体检外，还可以给本人父母或配偶父母进行公费体检。每个员工可以提交 4 个名额，其中 2 个名额免费，剩下 2 个享受的是与员工同等优惠的价格。阿里巴巴在全国 100 多个城市均有合作的体检机构，也就意味着员工几乎可以在全国范围内带父母进行体检。

第二层级幸福感主要是通过阿里巴巴自由、包容、快乐的工

---

[1]马云：阿里是幸福指数最高的企业，http://www.docin.com/p-1698750557.html。
[2]马云：阿里是幸福指数最高的企业，http://www.docin.com/p-1698750557.html。

作氛围来实现。阿里巴巴充分满足了员工的施展空间和创新冲动。例如，"赛马"机制，员工只要有好的想法和创意就可以提交到阿里的项目委员会，一旦通过审批，申请人就可以放手去做，并且阿里巴巴还会为其配备人手、资金，甚至还有期权，阿里很多好项目都是通过"赛马"机制实现的。在阿里巴巴历史上，就有刚刚转正的员工因为提交的项目脱颖而出，之后扩成五六十人的团队，闯入该领域内全国第一梯队。[1]

实际上，在彭蕾等人的努力下，对于员工的培养已经不仅仅依赖于传统意义上的培训体系，这些培训只是阿里巴巴培养员工的基本项目，除此之外，阿里巴巴十分注重员工自主性的培养，因此组织了多种类的特色培训，譬如鼓励员工自由创作，即便那可能是与本职工作无关的项目。阿里巴巴从价值观到具体的每项制度，都在鼓励创新，倡导拥抱变化，并且给予员工一定的试错空间。如此包容的制度与环境，让员工在工作的同时，既能享受到自我价值实现的成就感，又能享受到成长的快乐。

> 如果说你和同事一起工作的时候，感受不到自己心灵的成长，感受不到快乐和丰富，感受不到自我成就的喜悦，那么工作将变得特别痛苦。[2]

或许，有人会质疑这种"放任"的制度，毕竟很多企业也对员工倾注大量人力、财力去培养，但是等来的却是这些员工的离

---

[1] 只听过腾讯有"赛马"机制？讲集约的阿里也有 !2018-11-29, http://sh.qihoo.com/pc/98fc3cb52927d3157?cota=4&tj_url=so_rec&sign=360_57c3bbd1&refer_scene=so_1。

[2] 彭蕾: HR 要接地气, 2018-5-13, http://finance.ifeng.com/a/20180512/16269513_0.shtml。

职。对此，彭蕾说：

> 有选择就是幸福，今天无论他是选择出去还是留在这，
> 无论做什么选择都是幸福的。[1]

后来的事实证明，在员工获得了第二层级的幸福感后，随之而来就是群体的使命感——幸福的最高级。这种使命感让员工更愿意留在阿里巴巴，甘愿为集团、公司的目标和价值观奋斗不息。

在提升员工幸福感的过程中，彭蕾领导的 HR 部门是最大的功臣，马云曾说过："我希望 HR 部门，你们今天不是一个决策的部门，给阿里人的员工幸福就是你们的荣耀，他们的成长、发展就是你们一切工作的所在，你们存在的价值就是这些。"[2]

阿里巴巴算是国内首家打造员工幸福指数并付诸实施的公司，将与公司完全不搭的"政委"体系做得风生水起，成为最幸福的公司也是指日可待的。

---

[1] 小微金服 CEO 彭蕾谈马云：他心太软 总以鼓励为主，2014-10-5，http://business.sohu.com/20141005/n404866228.shtml。

[2] 马云对 HR 的内部讲话：打造公司的"幸福指数"，2017-7-23，https://mp.weixin.qq.com/s?__biz=MzA5OTE2Mjc3Nw%3D%3D&idx=1&mid=2654125618&sn=e86bf2724df8ee2ff41c64ecdb0fb206。

原则是底线，做人更坦诚

2007 年 12 月 24 日晚，按西方节日传统，本该是一个欢乐祥和的平安夜，然而，马云却向全体员工发了一封内部邮件，里面涉及的是阿里巴巴一次极罕见的高层人士变动，而且动的都是公司的"八大金刚"，其中说道，孙彤宇辞去淘宝网总裁，由陆兆禧接任。辞职之后，孙彤宇将根据阿里巴巴的干部轮休学习计划，于 2008 年 3 月 1 日起，离开原有岗位，全身心地投入到学习与修正中。

此消息公布之后，很多媒体将其解读为"杯酒释兵权"，毕竟淘宝网能成为电商网络的老大，孙彤宇功不可没。从带领几十人秘密开发淘宝，到打败 eBay，成为国内电商的龙头，孙彤宇对淘宝网倾注了大量感情。但是，成也萧何败也萧何，当马云准备拆分淘宝的业务时，孙彤宇提出了强烈的反对意见。这应该是马云突然换掉他的诱因之一。

虽然自己的妻子就是集团的 CPO，但是孙彤宇在此之前却是一点儿风声都没听到，直到最后一刻通过公司的邮件才得知自己"被卸任"一事。根据当时在现场的阿里巴巴员工回忆，孙彤宇在收到马云极其突然的决定之后，先是呆坐了一阵，随后放声痛哭。而在"离岗进修"几个月后，孙彤宇彻底离开了阿里。[1]

实际上，彭蕾当时担任的是集团 CPO，很多关于人才的选拔、去留都是马云和她商量之后才会决定的事。所以，孙彤宇在"被离岗进修"后，曾质问彭蕾是否早就知道此事，彭蕾也很坦白地说，这是我和马总一起决定的。后来，孙彤宇和彭蕾离了婚。由此，关于两人因此离婚的传闻不绝于耳。

针对此事，彭蕾还专门发给一个帖子，对孙彤宇的离开流传甚广的不实言论等内容进行了澄清。她在信中直言不讳地说：

> 孙彤宇是我最佩服的人之一，带着一帮人把淘宝网从无到有做起来。他有才华，有魅力，相信很多老淘宝人并没忘记财叔及他和团队一起创造的那段快乐激荡的历史。孙彤宇是高我两届的师兄，我们有很多共同的趣味，经历过婚姻的跌跌撞撞但仍然彼此欣赏视对方为生命的一部分。他现在安安静静地做着一些自己喜欢的事。[2]

一向内敛低调、从不对外讲个人生活的彭蕾，这次是气愤到

[1] 揭秘"土豪"马云的 26 个小伙伴 是谁最后没法做朋友，2014-6-20，http:// media.people.com.cn/n/2014/0620/c40606-25174230.html。

[2] 阿里巴巴彭蕾回应接任 CEO：反正自己不知道，2013-1-26，https://tech.qq.com/ a/20130126/000053.htm。

了极点，才会发出这样一封信去回应那些捕风捉影的事。两人离婚的真正原因，外人无从得知。可以肯定的就是，彭蕾应该是没有提前知会孙彤宇"被离职进修"一事。至于此事与离婚之间是否确有关联，只有当事人心里最清楚了。

但是，从这件事情本身，我们看到的是彭蕾的原则性、真性情。这或许也是她成为马云最信任的人之一的重要因素吧，毕竟当初一同创业的"十八罗汉"，能像彭蕾一直身居高位且备受信任的寥寥无几。

一直以来，彭蕾都是直率聪慧、果断干练，"有事说事，简单直接，绝对不绕弯子，做事情是结果导向"，[1]被比作是阿里巴巴的定海神针。即使是面对自己的上司马云，她也同样是有什么说什么。她说，他（马云）是一个非常不能去批评下属的人，心太软。这个我跟他很不一样，我看到哪个下属有办事不对，或者这件事情不对，我都直接说，我就会削他，但是他总是会以鼓励为主，也会用比较委婉的方式批评，但有些人不一定会明白他的苦心，所以我跟他说你要直接一点儿。[2]

这样的性格让彭蕾收获了很多好感，在阿里人眼里，她特别温和、亲切、好沟通，如春风和煦、润物无声。她时常提醒员工不要为了工作牺牲健康，辛苦工作的同时不要忘了家人。其实，在阿里巴巴公司的人压力也很大，加班也是常态，彭蕾在其中就发挥着缝合剂的作用，无论是通过制度、福利还是心与心的关怀，

---

[1]阿里背后的女人，十八罗汉之一，彭蕾在阿里的风雨历程，2017-9-28，http://www.sohu.com/a/195168881_461984。

[2]小微金服CEO彭蕾谈马云：他心太软 总以鼓励为主，2014-10-5，http://business.sohu.com/20141005/n404866228.shtml。

她在尽最大努力守护着员工，守护着阿里巴巴。

在阿里巴巴自己开发的移动互动平台"来往"上，彭蕾经常会晒一些自己拍的风景照或是同事的工作照，会转发马云的帖子，会在世界杯期间和大家一起赌球，也会隔三差五的发一些笑话娱乐大家。[1]

能与自己的花名"林黛玉"匹配的大概就是她还有十分文艺青年的一面。她很喜欢作家龙应台的文字，常常会引用龙应台《目送》《野火集》《孩子你慢慢来》等作品中的话语，她也喜欢微博名人"老树画画"的作品，常会把对方的一些作品转到内网上来。

彭蕾坚持做的这些事情看似"不务正业"，实际却与其管理工作息息相通。彭蕾说：

"在 HR 生涯中，我是一个活在心灵世界里的人。"[2]

她希望阿里巴巴的人不仅一起工作，还可以在生活中产生共鸣，让彼此的心灵不会因为繁忙的工作而一直处于紧绷的状态。通过这些小的互动，让大家可以更好地了解周围的小伙伴们，进而在集团里形成一种热爱生活、同事和工作的良好氛围，实现心灵和工作的平衡。彭蕾说：

"尽管我们的工作依然每天朝九晚五，下班回家依然是筋疲力尽，但这所有的累都仅停在身体层面，我们的心理没

[1] 柳小青：彭蕾的女性领导力，《决策》，2015 年第 11 期，第 71 页。
[2] 柳小青：彭蕾的女性领导力，《决策》，2015 年第 11 期，第 72 页。

有纠结。"[1]

同时，彭蕾也有大部分女强人会有的一面——强势、说一不二。一旦关乎集团利益、公司发展等原则性问题，她也会金刚怒目，甚至是"挥泪斩马稷"，即使是身边最亲近的人，一旦损害了公司的利益，彭蕾也不会搞例外。

正是拥有这样一份魄力、果决与坦诚，彭蕾在职场的任何赛道上才都游刃有余。对于外界对自己的高评价，彭蕾只是一笑了之，她更坦言道：

> "（自己的长处）可能就是胸无大志吧。可能放在其他地方是不好的事情，但我自己觉得挺好的。不用去考虑成功不成功，就是去满足客户的需求和价值。"[2]

---

[1] 柳小青：彭蕾的女性领导力，《决策》，2015 年第 11 期，第 72 页。

[2] 彭蕾卸任后首亮相：自己的长处就是胸无大志，2018-4-24，http://finance.ifeng. com/a/20180412/16074545_0.shtml。

第六章

心善刀快，坚守底线

　　多年的 HR 工作经历，使彭蕾养成了做任何事都从"人"的角度出发。当她临危受命，接手危机重重的支付宝时，以外行人的全新视角迅速找到了问题的症结，并提出将"提升用户价值"作为支付宝唯一目标。正是因为彭蕾这个"外行"的加入，支付宝迎来了新生，并迅速成为支付行业的领军者。

接到"烫手山芋"

"烂，太烂，烂到极点。" 2010 年 1 月 22 日，在杭州人民大会堂支付宝年会上，一向随和的马云极其严厉地批评了支付宝的用户体验。他说："2009 年，我听到骂声最多的是支付宝。我听到很多人在很重要的场合上这样说：'假如有另外一个支付宝，我一定不用你们的。'"[1]

如此严肃的语调，让年会的气氛低落到谷底，台下的支付宝 CEO 邵晓锋及众多高管哭了起来。他们心里也很委屈，邵晓锋一直都在告诫员工，客户是第一位的，不论何时一定要把用户体验放在首位。但是，问题在于支付宝扩张得太快了，仅 2009 年一年，就有 200 多个新产品上线。[2]大家都在高速运转，每天都是做

---

[1] 廉薇、边慧、苏向辉、曹鹏程：《蚂蚁金服：从支付宝到新金融生态圈》，北京：中国人民大学出版社，2018 年，Kindle 版本，第 564 — 566 页。

[2] 张燕：《马云全传》，四川：四川人民出版社，2015 年。

不完的任务，导致一些产品并没有注重用户体验，用户流失很快。这个问题并没有得到足够重视，因为大家又忙着开发新产品去了。表面看来一片红红火火的大发展景象，实际上当时支付宝的支付成功率只有 60% 左右，低的时候甚至只有 40%。[1]这意味着淘宝网辛苦营销来的 100 名客户，有 40 人甚至 60 人因为无法支付成功而放弃购买，可想而知，淘宝网对支付宝的怨气有多大。

所以，即使 2009 年底支付宝的注册账户超过了 2.7 亿，[2]日交易量再创历史新高，也无法掩盖其用户体验极差的致命缺点，也严重违背了阿里巴巴"客户第一"的价值观，这是马云最不能容忍的。

在马云讲完之后，包括邵晓锋在内的支付宝管理层都走上了舞台，当场表态要迎难而上，改变这种不利局面。邵晓锋擦干眼泪后更是不服输地承诺道，一定会把支付宝的体验做得更好。只是，当局者迷，此时大部分人并不明白真正的问题到底出在了哪儿。

就在支付宝集体陷入迷茫之际，马云想到了彭蕾。他直接对彭蕾说："你去做支付宝的 CEO 吧。"

听到这个突如其来的任命，彭蕾坦白道，我不懂，完全不知道金融该怎么做。

这一点在马云看来根本不是大问题，他半开玩笑地和彭蕾说：我相信你可以，你就告诉团队一句话，"我不懂金融，但是有一

---

[1]廉薇、边慧、苏向辉、曹鹏程：《蚂蚁金服：从支付宝到新金融生态圈》，北京：中国人民大学出版社，2018 年，Kindle 版本，第 595 — 596 页。

[2]由曦：《蚂蚁金服：科技金融独角兽的崛起》，2017 年，北京：中信出版社，Kindle 版本，第 955 — 962 页。

天我比你们还懂的时候，你们的麻烦就大了"。[1]

不只是彭蕾，支付宝上上下下对马云的这项人事决定都有些疑虑，一个常年做 HR 的人懂金融吗？能让支付宝走出困境吗？

事实上，彭蕾本人对"钱"是有些抵触的，甚至曾发誓不做和金钱有关的工作，这主要是受其家庭影响。她妈妈在农村信用社工作了一辈子，在彭蕾的印象中，妈妈特别容易焦虑，一直担心账目记错了、收到了假钞、放出去的贷款追不回来等各种问题，这种负面情绪影响到了彭蕾，使得她很不愿意和钱打交道。

然而，老板的命令是必须要执行的。尽管没有金融方面的经验，但是彭蕾的学习力是极强的。多年的 HR 经验加上与生俱来的天赋，使得她很能洞察人心，能在很短的时间里就抓住问题的关键。在支付宝资深总监葛勇获看来，彭蕾很善于和他人发生心灵上的感应，她知道你担心什么、顾虑什么，并会采用适当的方法说服你。[2]

彭蕾的上任从侧面反映出阿里巴巴集团高层要对支付宝进行大的战略改革的意思，希望通过人事及战略的调整，带领支付宝走出困局。然而，在彭蕾履新之初，支付宝已经迷失了方向。

冰冻三尺非一日之寒。成立初期，支付宝的使命很清晰，也很简单，就是服务好淘宝网，那时候，淘宝网也才刚刚起步，业务量并不大，支付宝完全能够轻松应对，还适时推出了"你敢付，我敢赔"制度，赢得了一众好评。

---

[1] 由曦：《蚂蚁金服：科技金融独角兽的崛起》，2017 年，北京：中信出版社，Kindle 版本，第 985 — 991 页。

[2] 由曦：《蚂蚁金服：科技金融独角兽的崛起》，2017 年，北京：中信出版社，Kindle 版本，第 1002 — 1003 页。

2007 年开始，淘宝网开始投入巨大财力进行市场推广，以快速扩大活跃用户的规模。然而，令淘宝郁闷的是，很多营销来的用户却因为支付失败而流失了，这让淘宝对支付宝的意见很大。同一时期的支付宝也很无奈。在 2009 年之前，支付宝只是被定义为一个单纯的支付工具，在成功接入了国内十几家大银行的网银之后，支付宝团队里的很多人却开始茫然无措了，不知道下一步该做什么，可以做什么。于是，支付宝想到了要开拓淘宝业务之外的领域，但是具体还可以做什么业务，从阿里巴巴集团到支付宝管理层都不是很清楚。上层的摇摆让支付宝一直没有明确的战略发展定位，这也成了阻碍支付宝发展的关键。

这也是彭蕾接手支付宝后，倍感压力的问题。此时，很多支付宝员工并没有真正读懂马云的批评，依然觉得支付宝只要能扩大业务规模，提高收入就可以了。彭蕾说：

> "支付宝在发展当中还面临很多不确定性。比如，业务的来源比较单一，最主要成长的源泉是基于淘宝平台。"[1]

彭蕾要解决的不仅仅是战略方向的问题，她还要以最快的速度熟悉、适应新的工作领域，从一个"金融、技术小白"变成可以指挥支付宝走出困境的卓越领导。当然，她更要立即着手的一件事就是凝聚人心，重塑支付宝的价值观，让大家尽快对支付宝的未来发展形成共识。

---

[1] 支付宝 6 月 14 日媒体沟通会实录 (2)，2011-6-14，http://tech.sina.com.cn/i/2011-06-14/18495647582_2.shtml

骆驼大会

十年的人力资源工作经验，让彭蕾深深懂得一个道理，要想做好事情，必须先搞定"人"，只有将人心凝聚起来，团队的积极性和创造性才能激发出来，事情才会达到预期效果。此时的支付宝更需要明确使命，凝聚人心，进而达成共识。彭蕾说：

> "我们最主要使命还是解决在今天的网购市场上面，怎么样把客户体验，把信用体系，然后把这种安全，这样的一些东西做到极致，这个是我们今天必须要坚守的支付宝存在的意义和价值的一个底线。"[1]

想通之后，彭蕾决定在春节之后，进行一次深入的业务讨论，

---

[1] 支付宝 6 月 14 日媒体沟通会实录（2），2011 年 6 月 14 日，http://finance.sina.com.cn/chuangye/it/20110614/19029990326_2.shtml。

这就是支付宝历史上著名的"骆驼大会"。这次会议定在了杭州莫干山路 2349 号的良渚大酒店，支付宝 P8 以上的核心员工全部参会，会议整整开了四天，白天，大家集中讨论业务，晚上则是吃饭、喝酒、聊天、交心。

第一天晚上，彭蕾选择了最中国式的快速交心方式——喝酒。每个人面前都放了一瓶红酒，彭蕾带头，她几乎和在场的每一个人都喝了酒。在彭蕾看来，作为空降过来的"技术小白"，她要在最短的时间内熟悉自己的团队，喝个大酒是最佳途径，因为在酒精的作用下，大部分人都会卸下平常的防备，也能把平时不好意思或是不敢说出口的话都讲出来。

果然，在彭蕾的带动下，会场的气氛逐渐活跃了起来，大家开始相互敬酒，酒越喝越多，话语声也越来越多，嬉笑怒骂之声混杂成了一曲支付宝独有的乐曲。

在餐桌旁，有些人喝倒在地，彭蕾也喝了很多，她干脆直接坐在了地上，继续和大家聊天。或许是酒精的作用，又或许是终于找到了可以发泄的借口，很多员工都是谈着谈着就哭了，尤其是那些老员工，情绪激动地说起支付宝的创业史、所经受的压力与艰辛，讲到支付宝为何会走到今天的境地，他们更是一肚子的委屈。因为，阿里巴巴的几个子公司，只有支付宝深陷危机，B2B 业务已经成功上市，淘宝网也成为了国内电子商务的龙头，对比之下，支付宝的表现实在令人唏嘘，支付宝面临的压力十分巨大，而马云在年会上的批评更是像一把枷锁一样，压得大家喘不过气来，甚至有些人甚至觉得集团根本不重视支付宝。

之所以出现这么多情绪和声音，主要也是因为大家想把工作做好，只是觉得集团应该给予支付宝更多关注和重视。

彭蕾就这样陪着大家喝酒，默默将大家的话记在了心里。后来，她喝得已经站不起来了，不得不由几个同事搀扶回去，回到房间又吐了很多次。

第二天早上九点，彭蕾准时出现在会场，尽管身体很不舒服，但是她知道自己不能缺席这次的会议。她不断地向在场的员工们灌输一种危机意识，一再告诉大家客户体验是当前要关注的重点。彭蕾说：

> "不要以为支付宝可以垄断淘宝的市场，别人进不来，如果支付宝做不好也有可能随时被换掉。"[1]

为了让大家对用户体验的重要性有更深的认识，老苗（倪行军）以案说事，他举的例子是 2009 年刚完成的、用户抱怨最多的产品"收银台"。为了更具说服力和感染性，他特意找了一位做收银台项目的骨干做主讲，以"收银台的自白"为题，以收银台的口气"现身说法"。

用户在淘宝上购物结算用到支付宝时，会遇到一个银行渠道的选项，支付宝所有的支付工具都叠加在此，这也是支付宝最核心的区域。按理说，用户在选择银行之后，输入密码再点确认就能完成支付了，但这些支付工具并没有被很好地集成。支付步骤不同，银行渠道的稳定不同，对用户的要求也就不同。"收银台"本来是要化繁为简，但是由于在集合不同银行的支付产品时，不

---

[1] 由曦：《蚂蚁金服：科技金融独角兽的崛起》，北京：中信出版社，2017 年，Kindle 版本，第 1083 — 1084 页。

可避免地夹杂着各种因素：业务的要求、金融渠道运营的诉求、合规的要求、技术的要求以及客户自身的要求。当这些要求集中到一起之后，谁都讲不清楚"收银台"是怎么一回事，最后的结果是几十个收银台的开发体验全不一样，导致用户到处"乱跑"。

效果出乎老苗意料，因为这段"自白"讲完之后，台下的人已哭倒一片。大家既感到委屈又很自责，毕竟这是自己付出了一年心血的项目，却成了投诉最多的产品，自然委屈；同时，又很自责为什么当初没有把用户体验做好。

当然，支付宝并非完全忽略了用户体验，他们组建了一个叫"杀虫剂"的小组，专门负责解决系统里用户体验的故障，但是这种工作却没有渗透到产品研发的各个环节。事实上，在彭蕾入职之前，支付宝强调更多的是规模、是业绩。

就这样，彭蕾和支付宝的核心员工们连续讨论了四天。期间，她讲的最多的一句话就是：

> 重拾初心！我们可以忘掉 KPI，忘掉战略，但一定不能忘掉客户价值！[1]

在彭蕾的带动下，原本要讨论支付宝未来愿景、使命和战略大图的"骆驼大会"，变成了一次寻找初心的交流会。支付宝创设的初衷就是为了解决网购交易中的痛点——买卖双方的信任问题。所以，这次大会最大的意义在于将偏离初衷的支付宝重新拉了回来。

---

[1] 由曦著，《蚂蚁金服：科技金融独角兽的崛起》，北京：中信出版社，2017 年，Kindle 版本，第 1130 = 1131 页。

此后，彭蕾决定将提升用户体验理念一贯到底。关于自己这一个外行在支付宝的作用，她这样说道：

> "我认为自己最大的价值是，衡量我们的工作有没有偏离底线，如何给用户带来好的价值和体验。第二个价值则是，我们组建了一个特别棒的团队。"[1]

为了不让提升用户体验成为一句空话，彭蕾进行了一系列改革，将支付宝的考核指标从支付业务规模和营收，转化为支付成功率和活跃用户数。[2]她还要求每个业务线每个月合开一次会，便于及时收集信息和反馈。一开始，员工们以为只是简单的工作汇报，多少存在着一些应付心理。但是每次会议上，彭蕾都以一句"我这个问题可能问的很傻，你们听听看"[3]开头，结果问出来的基本都是直指业务核心关键的问题。几个月下来，大家对这位"外行领导"有了全新的认识。

在"骆驼大会"之后，彭蕾和员工保持着高频沟通，她经常以"外行人"的谦虚态度，向员工提出各种各样的问题，借助于这种目的性极强的提问，彭蕾在迅速全面掌握公司发展中遇到的问题与困难的同时，更进一步和员工建立了有效的连接。在类似这种高密度的沟通中，支付宝的任督二脉被打通，公司的发展思路自然而然地变得清晰明了。

[1]阿里金融掌舵人彭蕾：我们若被打败，一定是从内部攻破，2014-3-25，http://www.iceo.com.cn/renwu2013/2014/0325/285407.shtml。

[2]由曦：《蚂蚁金服：科技金融独角兽的崛起》，北京：中信出版社，2017年，Kindle 版本，第1142页。

[3]由曦：《蚂蚁金服：科技金融独角兽的崛起》，北京：中信出版社，2017年，Kindle 版本，第1145页。

创新，从借鉴开始

"骆驼大会"之后，彭蕾带领团队开始真正着手解决支付宝最迫切需要解决的问题——支付成功率，并将提升支付成功率作为最重要的 KPI 目标，其重要性被提升到了整个公司层面上。之所以要集中全公司的力量解决支付成功率问题，在于目前支付模式存在致命缺陷，导致支付成功率始终无法实现质的跃升。

如何把抽象的用户体验变成可执行的 KPI ？彭蕾并没有直接给出答案，而是问了团队两个问题：

一、如果我们开放来想，淘宝直接接入银联，支付宝还有人用吗？抛开那些外部条件，我们的核心优势是什么？

二、我们把用户体验转换成接地气的人话，怎么用 KPI

来衡量用户体验？[1]

同时，彭蕾作为"外行"，完全打破思维定式，给支付宝的发展注入了新活力。她善于从一团乱麻中迅速抽出自己想要的东西，对于支付宝今后的小目标，她说：

> "我不看总交易量，我就是要看安全感和成功率。这两个问题慢慢解决后，我再看用户活跃度。
>
> 我情愿要每天100人，每天交易100块，也不要一个客户，1天交易1个亿。这是2C和2B的根本区别，是方向问题。我们确定了两个KPI，一是支付成功率80%，二是两亿三次，每年两亿用户每人至少用三次支付宝。"[2]

彭蕾履新之前，支付宝的模式是网关支付，即用户在购物结算时，需要先选择银行卡的种类和发卡银行，再跳转至发卡行的网银页面，再根据各自银行要求进行不同的操作，这就意味着为了完成支付，用户不得不跳转多个页面。环节越多，出现问题的概率也就越大。支付宝做过统计，每多跳转一个页面，客户支付流失率就增加5%，[3]并且用户使用不同浏览器，也会导致支付成功率的变动。也就是说，如果不能从根本上改变支付模式，再

[1] 彭蕾：CEO如何对抗孤独感？2019-1-30，https://mp.weixin.qq.com/s/O_OiXxMe9CraV-9bgNgR-Q

[2] 彭蕾：CEO如何对抗孤独感？2019-1-30，https://mp.weixin.qq.com/s/O_OiXxMe9CraV-9bgNgR-Q

[3] 由曦：《蚂蚁金服：科技金融独角兽的崛起》，北京：中信出版社，2017年，kindle版本，第1193页。

多的付出也无济于事。

如何解决这一难题？

支付宝尝试的第一种解决办法是借鉴了用户的愿望，推出"支付宝卡通"，即与银行一起发售联名卡。彭蕾派人挨个银行去游说，经过艰难谈判，只有建设银行愿意合作，而且他们只同意办理新卡的人使用这种业务，办理过程也十分繁琐。在实际应用过程中，出现了另一个致命问题：很多用户经常忘记充值，"卡通"往往是卡内余额不足的状态，导致支付成功率依然没有显著提升。

彭蕾等人对此次项目进行梳理复盘过程中，无意间发现，几乎每家银行都有"代扣"功能，主要用于扣缴学费、水电费等场景。这个发现让在黑暗中痛苦摸索的彭蕾等人看到了希望，既然银行有代扣功能，那么，借鉴这种模式，由支付宝发起扣款就有了理论上的可能性。

2010年下半年，支付宝团队又发现了一种便捷支付方式，即在携程平台上有一种叫MOTOpay的支付方式，用户通过电话或网络进行支付时，只需在平台填上自己的姓名、信用卡卡号、有效期及安全校验码后，平台就可以代扣票款，这一过程没有网银跳转，甚至不需要支付密码，不仅方便而且有很高的支付成功率。

如果将MOTOpay与"支付宝卡通"业务结合起来，用户不需要开通网银，用一张信用卡就可以完成支付，岂不解决了一直以来的支付难题？

这种方式虽然便捷，但存在很高的风险，容易被盗刷。要想与银行达成这种合作，支付宝必须攻克这一安全问题。很快，支付宝团队发现，刚刚推出的苹果手机绑定信用卡时，采用的是和MOTOpay类似的方式，盗号现象一再发生，为遏制这种势头，有些银行就在用户绑卡时，马上致电询问，是本人操作的，就通过，否则就马上冻结。

借鉴 MOTOpay 与苹果手机支付的优点，支付宝团队进行了再创新，将"支付宝卡通"与 MOTOpay 结合，用户绑卡后，无需人工，只要通过银行预留手机号进行身份校验，便可以确认是否是本人操作。但是，要进行这种验证，就必须借助银行的力量。然而，想让注重客户隐私的银行同意此事，难于登天。

彭蕾从支付宝的商户事业部调派了一员干将到金融事业部，这个人就是袁雷鸣。袁雷鸣在加入支付宝之前，一直在银联工作，十分懂得如何与银行打交道。彭蕾对他给予高度的信任和充分的谈判授权，为的就是顺利拿下银行。

银行的主要顾虑有两个：一是用户隐私的保护；二是业务规模。对此，在谈判时，袁雷鸣有针对性地向各个银行强调，快捷支付是现在支付宝主推的服务，其增长速度与规模不可限量。空口无凭，为了让银行能迅速合作，支付宝采取了一个"简单粗暴"的办法，当时和银行达成的条件是，银行给支付宝开接口，支付宝向银行提供存款或者预付手续费，这就让银行提前锁定了收益，解决其后顾之忧。[1] 在此基础上，支付宝还答应了银行要求的快捷支付的资损率不超过十万分之一，主动承担起支付产生的金融风险。

在支付宝团队的种种努力下，2010 年底，支付宝终于打动了工商银行、建设银行和中国银行，这三家银行在自己发行的信用

---

[1] 由曦：《蚂蚁金服：科技金融独角兽的崛起》，北京：中信出版社，2017 年，Kindle 版本，第 1314 — 1315 页。

卡中，给支付宝增加了快捷支付接口，自此，快捷支付迎来了爆发式增长，并带动第三方支付实现飞跃式发展，为后来的蚂蚁金服的各类金融服务提供了基础，并为移动支付的普及增加了可能性。如今我们习以为常的支付宝钱包支付、微信支付等方式，都是建立在快捷支付的基础上而完成的。

据统计，快捷支付推出之后，最多时支付宝一夜之间就绑定了上百万张银行卡。快捷支付上线后的一年时间内，包括四大行在内的 160 多家银行与支付宝签订了快捷支付合作协议，创造了中国电子支付历史上发展最快的业务纪录。[1]

而回顾快捷支付的诞生史，我们还会发现，创新，很多时候都是从借鉴开始的。"借鉴"也可以称之为"拿来主义"，正如鲁迅先生所说，"我们要拿来，我们要或使用、或存放、或毁灭……没有拿来的，人不能成为新人，没有拿来的，文艺不能成为新文艺"。"拿来"的目的在于学习，并在此基础上加以创新，另辟蹊径，创造出属于自己独一无二的产品。如果没有广泛的学习借鉴，支付宝推出快捷支付的步伐可能要落后很久，甚至不能成为"第一个吃螃蟹"的公司，进而错失抢占市场的最佳时机。

从这个意义上讲，无论是科研创新还是日常工作，我们要善于"站在巨人的肩膀上"，先借鉴学习，为日后的创新累积丰厚的知识储备，让创新有本有源，而非闭门造车、盲目求新，沦为"邯郸学步"的可笑之人。

---

[1]廉薇、边慧、苏向辉、曹鹏程:《蚂蚁金服:从支付宝到新金融生态圈（新金融书系)》，北京:中国人民大学出版社，2017 年，Kindle 版本，第 684 — 689 页。

用 200% 的努力去证明 100% 的正确

正当支付宝渐有起色之际，"支付宝私有化"风波再次将支付宝和彭蕾置于风口浪尖之上，各类负面报道铺天盖地，指责马云和阿里巴巴集团违背了契约精神，"偷走"了支付宝。面对这种质疑其诚信的诘难，一向在意价值观主张的马云和彭蕾十分难过，但是他们依然坚持着自己的选择，并称这是"一个不完美但正确的决定"。[1]

为何是不完美但正确的决定？这要从支付宝的股权结构说起。因为创业初期资金短缺，阿里巴巴集团引入了大量的外资。作为阿里巴巴的子公司，支付宝的股权大部分也是由外资控制，美国雅虎和日本软银集团握有 70% 的股权，可以说支付宝实际上是一家外资控股企业。

---

[1]由曦：《蚂蚁金服：科技金融独角兽的崛起》，北京：中信出版社，2017 年，kindle 版，第 1398 页。

金融行业本就属于敏感行业，如果一直是外资控股，始终会成为支付宝进一步发展的阻碍。尤其是 2010 年央行发布的《非金融机构支付服务管理办法》（以下简称《办法》），对新兴的非金融机构支付服务行为做了进一步的规范。该《办法》实际上是给支付宝等第三方支付公司一个正式的法律名分。换言之，支付宝是否合法，就看能否符合《办法》的规定。通观这一《办法》，规定申请从事支付服务的，必须为国内依法设立的有限责任公司或股份有限公司，同时指出，外商投资支付机构的业务范围、境外出资人的出资条件和出资比例等，由中国人民银行另行规定，报国务院批准。[1] 这条规定促使马云、彭蕾等人下定决心，必须将支付宝变成"内资公司"。

早在 2007 年，阿里巴巴集团董事会就讨论过支付宝获得牌照的问题，并授权管理层去做这个事情。2008 年，董事会讨论支付宝的股权问题时，提到了如果准入门槛涉及公司内外资属性时，公司应该怎么做。当时，董事会的态度是"不说行也不说不行"。[2] 此后，一旦涉及支付宝牌照与股权的问题，杨致远就模棱两可，孙正义更是避而不谈。

2009 年 4 月，央行就要求从事支付业务的非金融机构在 7 月 31 日前进行登记。尽管央行表示登记结果不会产生实质影响，仅仅作为制定政策的参考。但是，正如彭蕾所说：

[1] 支付宝股权变更后续：领牌照必须一切都透明，2011-5-16，http://b2b.toocle.com/detail--5772881.html。

[2] 支付宝股权纷争马云最终获胜，2011-8-30，http://it.sohu.com/20110830/n317828936.shtml。

在合乎监管要求之下，我们不能有任何的侥幸心理。[1]

时任支付宝 CFO 的井贤栋对于支付宝的股权结构也很担忧，他说，当时支付宝认为，如果是外资公司，就可能会遇到申请牌照的麻烦。[2]基于政策上的担心，再加上董事会暧昧不明的态度，马云拍板，在 2009 年 6 月 1 日，做了第一次股权转让，将支付宝 70% 的股份转到了马云和谢世煌全资拥有的浙江阿里巴巴电子商务有限公司名下，剩下 30% 的股份则在同年 8 月份转给了内资持牌企业，至此，支付宝正式脱离阿里巴巴集团，成为了纯内资公司。期间，阿里巴巴集团董事会也明确授权管理层通过股权调整来合法获得支付牌照。只是，这个授权是有前提的，即支付宝内资公司只是用来持牌的，支付宝实际的收益和财产权利还是要通过 VIE（协议控制）结构的方式回到阿里巴巴集团里。

如果支付宝的"私有化"止步于此，那么杨致远和孙正义也不会有很大的反对意见，毕竟 VIE 结构可以让他们继续控制支付宝，只是方式相对隐蔽些。但是，VIE 始终是通过打擦边球的方式来规避国内监管的应急措施，对国家安全仍然具有潜在和现实的威胁。尤其是像支付宝这种龙头企业，掌握着大量的客户资源和资金。据统计，截至 2010 年 12 月，支付宝注册用户超过了 5.5 亿，日交易额在 25 亿元（人民币）以上。[3]并且它和国内外众

---

[1] 支付宝股权转让说明会实录，2011-6-14，http://business.sohu.com/20110614/n310126711.shtml。

[2]由曦：《蚂蚁金服：科技金融独角兽的崛起》，北京：中信出版社，2017 年，kindle 版，第 1446–1447 页。

[3]刘迅、张庆："VIE 结构、金融安全和契约精神——支付宝股权变更引发的思考"，《财务与会计（理财版）》，2011 年第 12 期，第 38 页。

多金融机构都有密切联系，一旦有任何风吹草动，都会对我国金融体系产生巨大冲击。

正因为如此，央行也十分关注支付宝的 VIE 结构，并在 2011 年第一季度向支付宝发来了函件，要求支付宝对整个 VIE 结构做一个详细说明。

接到函件，彭蕾意识到问题的严重性，央行函件的潜台词应该是，如果支付宝不是100%内资，基本没资格再申请支付牌照了。再不做决定，支付宝很可能拿不到牌照。一旦拿不到牌照，支付宝就是一家非法经营机构，依靠其完成大部分交易的淘宝该怎么办，6亿用户又该怎么办？这个后果是任何人都无法承担的。因此，关键时刻容不得半点儿闪失。彭蕾说：

> "这个事情我们不能有任何侥幸心理，我们今天必须用 200% 的努力去确保一个 100% 正确的结果。"[1]

不只是彭蕾，马云等阿里巴巴管理层都意识到了问题的严重性和紧迫性，需要当机立断。马云把央行的函件拿给杨致远和孙正义看，结果，这两位董事依然认为协议控制是最好的解决方案。杨致远还好些，该支持的时候还是支持的，但是孙正义却是极力反对去 VIE 结构，他说："我在中国这么多朋友都玩 VIE，为什么你不能？"[2]于是，三方开始了拉锯战。杨致远、孙正义耗得起，

[1]由曦：《蚂蚁金服：科技金融独角兽的崛起》，北京：中信出版社，2017年，kindle 版，第 1471 — 1472 页。

[2]支付宝股权转让说明会实录，2011-6-14，http://business.sohu.com/20110614/n310126711.shtml

马云、彭蕾可等不及了。因为在竞争激烈的支付市场，支付宝虽然处于领军地位，但是如果不能在第一批里拿到牌照，在微信等对手的打压下，很可能会一蹶不振。

无奈之下，2011年第一季度，马云单方面终止了协议控制，使得为牌照而做的"假离婚"变成了"真离婚"。

一石激起千层浪。这个决定不但让马云和雅虎、软银反目，也让他的声誉大打折扣，众多业内人士纷纷指责马云是在破坏游戏规则。尤其是国内最有影响力的媒体人胡舒立发表的《马云为什么错了》一文，不问事实，不做研究，一味指责马云违背了契约精神。

马云也不甘示弱，直接用短信与胡舒立辩论，称其没有了解真实情况就妄下结论，还讲述了此次支付宝股权转移和牌照申领过程中的所思所想。而为了让公众全面了解事情的真相，阿里巴巴又在6月14日下午两点，在淘宝总部六楼会议室举办了支付宝股权变更说明会，彭蕾和井贤栋都到了现场。他们三人对支付宝股权变更的前因后果进行了详细的说明，澄清媒体报道的"误读"和"误读"。

发布会上，马云开门见山地说道，"不完美，但这是当时当刻唯一正确的决定"，并称阿里巴巴与雅虎、软银正积极谈判，以开放的态度进行沟通协商，以便达成一个兼顾三方利益的协议。

尽管当时争议不断，但是后来的事实发展却再一次验证了马云的正确性。在商海中，"没有不可讨论的利益"。[1]态度强硬的雅虎和软银在利益面前，照样选择了妥协，毕竟"面子"没有实在的利益重要。2011年7月29日晚，经过了多轮谈判，阿里巴巴、

---

[1]支付宝股权纷争马云最终获胜，2011-8-30，http://it.sohu.com/20110830/n317828936.shtml

雅虎和软银终于达成了一份框架协议。根据协议,阿里巴巴集团将获得如下回报:支付宝上市时,获得相当于其市值 37.5% 的部分,总额度不低于 20 亿美元、不高于 60 亿美元;支付宝上市前,阿里集团每年获得支付宝及其子公司税前利润的 49.9%。[1]

获得自由之身的支付宝,直到 2013 年 11 月,才最终确立了自己的股权框架,即 40% 的股份为支付宝全体员工所有;马云个人持股不超过 7.3%,剩余股份将引入外部机构投资者。[2]

对于这样内外结合的股权分配方案,彭蕾给出的解释是:

> 互联网金融是一个生态系统,我们不希望变成一个单一的、倾向性的系统。金融是封闭的,但是互联网是开放的。所以我们希望我们的股权设计也是如此。

至于为何会先一次性地确定员工持股比例,彭蕾说:"当年我在在阿里巴巴集团当 CPO,马云和董事会最大的分歧就是每年给员工的奖励和期权,每年虎口拔牙,非常痛苦。这是他和董事会吵架最多的。所以我们这次决心先把股权拿出来,一劳永逸。"[3]

焕然一新的支付宝在彭蕾的带领下继续在支付行业里开疆拓土,坚守提升用户体验的初心,并在于 2014 年组建了蚂蚁金服,短短几年便发展为炙手可热的科技金融"独角兽",估值一度上千亿。从这个角度来看,雅虎、软银实际上是赚到了。

———————————

[1]支付宝股权纷争马云最终获胜,2011-8-30,http://it.sohu.com/20110830/n317828936.shtml

[2]由曦:《蚂蚁金服:科技金融独角兽的崛起》,北京:中信出版社,2017 年,kindle 版,第 1517 — 1519 页。

[3]阿里金融掌舵人彭蕾:余额宝若被打败 一定是从内部攻破,2014-3-25,http://finance.ifeng.com/a/20140325/11973631_0.shtml

第七章

以"小"创"大"，弯道超车

面对激烈的市场竞争，彭蕾选择另辟蹊径，从别人不愿意做的小事累活做起，慢慢为支付宝积累了人气。她说自己其实是胸无大志，最感兴趣的不是宏大的未来发展规划，而是一块两块的钱，是能否给社会和公众带来一些小而美的改变。看似朴实，却是洞悉人心之道，所以，才创造出了互联网金融的爆款——余额宝，让蚂蚁金服迅速登顶互联网金融高峰。

别人不愿意做的才是最该做的

彭蕾接手支付宝时，面临的不仅仅是用户体验差等内忧问题，还有诸多外患，电信运营商、互联网巨头以及各大金融机构都看到了互联网支付的巨大发展潜力，尤其是央行第二代支付系统"超级网银"的上线，意味着"国家队"正式杀入市场。在兼具实力和信用的银联面前，支付宝会否只是昙花一现，在很多人心中留下了大大的问号。

没有调查就没有发言权。彭蕾坚持自己做支付宝产品的首席体验官。无论是用户、新员工还是网站帖子，都是她挖掘产品灵感、发现问题的重要来源。一旦有新想法，她甚至会连夜让团队去执行、试验。针对用户体验感的提升上，彭蕾甚至每天会去网上浏览关于支付宝使用体验的帖子，不错过任何一条消息。哪怕是一个很小的体验问题，她都会直接发送给相关部门，督促他们尽快解决问题。

仔细研判之后，彭蕾发现此时的支付宝仅仅是用户在淘宝上买东西时，用信用担保促成交易的支付工具，用户在使用时根本不需要进入支付宝的主界面，这就导致很少有人知道支付宝还有其他功能。这种依附于淘宝的电商后台工具的生存模式，显然阻碍了支付宝的进一步发展，也不符合马云对支付宝的定位与期望。更何况，"超级网银"等支付工具的兴起，让支付宝的龙头地位大受威胁，甚至于淘宝都有可能摒弃支付宝而使用其他第三方工具。支付宝该何去何从？

心思细腻的彭蕾找到了一个突破口，那就是居民日常必需的水电燃气费、电话费等的缴纳。此前，要缴纳这类费用，人们要去物业、银行等网点窗口排队，费时费力。当彭蕾提出要进军这些"鸡毛蒜皮"的小钱领域时，遭到了很多质疑和反对，因为这些是费力却不赚钱的项目，与追求最大利益的公司属性是相悖的。

彭蕾却不这么认为，既然支付宝的目标是提升用户体验，公共事业缴费就是博得用户好感与信任的最佳途径。毕竟，当前互联网已经深入到人们的生活与工作之中，网络已经不再是一个信息窗口，而成为了能为生活提供更多便利渠道的工具。如何为支付宝用户及其"朋友圈"提供更多服务、创造更多价值，是彭蕾最关心的问题。

其他大的金融机构不愿意干这些"脏活累活"，支付宝主动顶上，真正让互联网为生活发挥更大作用，帮助人们从繁琐的事务中解脱出来。

我们今天所做的所有事情，如果能够给这个世界、这群人创造美好而微小的改变，那我会坚持做下去。这个信念指导我做所有的商业决定和产品细节,指导我怎么连接我的团队。[1]

没有线上支付系统?没关系,彭蕾派技术团队去创建线上支付系统。设备老化,无法对接支付宝?不要紧,支付宝团队负责升级设备,实现流畅连接。凭着一股韧劲和人文情怀,支付宝扎根每个城市,深入每个管理部门,一家家谈合作,一个个改系统、衔接、测试、上线。在其他人看来是出力不讨好的事情,彭蕾却带领团队做到了极致,打通了全国的供水、供电、供气、通讯、网络等各类支付系统,免费让所有支付宝用户足不出户享受线上支付带来的生活便利,更重要的是,彭蕾将这件毫无利润可言的"小事"坚持了下来。单单这份毅力与情怀,就无人能及。

更难能可贵的是,为了惠及更多百姓,该项业务并不要求居民拥有支付宝账号,非支付宝用户只需要进入页面后选择自己拥有的网上银行进行付款即可。除了能给自己缴费外,父母、亲朋好友等的缴费账单也可以由自己代缴,而代缴的条件只是需要他们以往的缴费账单而已。

在开拓公共事业缴费市场的过程中,彭蕾似乎找到了支付宝公益属性与商业属性的平衡点。一方面,这种追求极致体验的坚持,真正从用户需求出发、不计利益得失的做法,在便利人们生活的同时,使人们对支付宝的好感节节攀升,迅速征服了亿万人的心,使支付宝从单纯的电商后台服务工具跃升为人手必备的国民应用平台。另一方面,随着用户数量的迅猛增长,"小钱"逐

---

[1] 马云背后的女当家:17年前月薪500,如今执掌750亿,2016-10-11,http://www.sohu.com/a/115866188_120731。

渐累积出了丰厚的市场资源，支付宝在支付市场的领军者地位更加无人撼动。

彭蕾时常对外界说：

> "我特别胸无大志，现在互联网金融很热，但我感兴趣的就是1块钱2块钱，远远超过我们现在想构建什么。"[1]

"胸无大志"意味着她不会好高骛远，意味着她可以沉下身去，做更多惠及普通百姓的事，哪怕是别人都不愿意干的"脏活累活"。

事实上，在别人看来"有点傻"的做法却是大智若愚的体现。美国管理学家韦特莱曾提出一个韦特莱法则：成功者所从事的工作，是绝大多数的人不愿意去做的。因为如果你只是重复别人做过的事，即使你付出了再多的心血，也不可能超越你所模仿的对象。

什么是成功者？成功者就是敢于做别人不愿意做的事，别人不敢做的事，别人做不到的事。正所谓敢为天下先，才可能先被天下人认识。

彭蕾就是这样的成功者，她没有去模仿银行，做那些动辄千万的"大生意"，而是从别人不愿意干的"小钱"入手，一点一滴，润物无声，却累积了超高的人气。不仅是彭蕾，对于我们每一个人来说，不管是做什么，只要下定决心去做别人不愿意做的事情，并且做到了极致，你就多了一个被别人欣赏和认同的机会。这样的事情可能不是多么惊天动地的大事，但是你却会因为一份与众不同而感动更多的人，成功唾手可得。

---

[1] 对话彭蕾：阿里正走在创新与安全的金融平衡木上，2014-1-8，http://www.iwshang.com/Post/Default/Index/pid/232866.html。

二把手更要有独立的判断力

成也萧何败也萧何。快捷支付给饱受诟病的支付宝带来了新生，却也带来了一个新问题，那就是用户数量虽然在直线增长，但是很少有人往支付宝里充值，导致支付宝在银行的备付金规模在很长的时间里都没有大的变动。

随之而来的是集团内部出现了一种质疑声，认为快捷支付把支付宝的账户做死了。"没有钱，账户就不是账户，而是账号，这跟淘宝账号没有任何区别"，类似的声音不在少数。[1]

为此，支付宝内部的用户事业部和金融事业部还发生了激烈的争论，负责 C 端用户的用户事业部认为账户的价值因为快捷支付而减损，与银行对接的金融事业部则坚持快捷支付的积极意义。尤其是"快捷支付功臣"袁雷鸣，他坚定地认为，快捷支付与账

---

[1]由曦：《蚂蚁金服：科技金融独角兽的崛起》，北京：中信出版社，2017 年，kindle 版，第 2096 — 2109 页。

户价值的下降并没有直接关系，相反，快捷支付更有利于用户往支付宝里存钱。这并非是主观臆断，而是有理有据地判断。他解释道，如果不用快捷支付，用户通过网银往支付宝账户里充钱，需要一两分钟，而如果直接通过快捷支付方式，银行的钱可以立即到支付宝账户中。所以，支付宝账户里没有钱，并不是因为有了快捷支付，而是账户本身没有给用户带来价值。[1]

两种截然相反的观点呈报在彭蕾面前，需要她再次做出决断。在支付宝的这三年里，彭蕾真切感受到了快捷支付带来的高成功率和巨额增长，然而，在用户数量极速增加的情况下，支付宝的账户总额也确实处于停滞状态，没有大的变动，这不是正常现象。

事实上，彭蕾及其团队都明白，只要能让用户放在支付宝的钱有了利息，上述问题就迎刃而解了。同时，这也是支付宝一直备受争议的地方，用户普遍认为，为什么钱放在支付宝就没有利息呢？方法是很简单，但是支付宝却是有苦说不出。当时，监管部门并不允许第三方支付机构给用户余额支付利息，他们认为，一旦这样做了，第三支付机构岂不变成了银行。

另一方面，支付宝也在寻求降低自身备付金规模的方式，央行正着手按支付机构的备付金银行账户利息的 10% 计提风险准备金。出于自身资金考虑，支付宝并不希望用户虚拟账户的余额太高，因为这样会导致支付宝的备付金提高。

几经讨论，大家终于想出了一个相对完美的解决方案，即做波动小、收益更稳定的货币基金理财。支付宝辗转了多家基金公司，最终和规模相对小，但是配合度更高的天弘基金达成了合作

[1]由曦：《蚂蚁金服：科技金融独角兽的崛起》，北京：中信出版社，2017 年，kindle 版，第 2109 页。

意向。

鉴于双方的合作是在 2012 年 12 月 22 日确立的，因此这个项目就被命名为"二号项目"。2013 年春节之后，"二号项目"正式进入闭关研发。

与此同时，2013 年初，彭蕾带领支付宝高管齐聚浙江莫干山裸心谷酒店，谋划支付宝未来发展战略，探讨的是公司未来的产品和业务形态，如何让支付宝从简单的支付工具转型为互联金融集团。虽然还没有特别明晰的金融业务条线概念，但是大家对支付宝未来的发展方向还是有了共识。

3 月，支付宝母公司——阿里巴巴集团宣布以支付宝为主体，筹建阿里小微金融服务集团，正式宣告了支付宝的互联网金融服务的发展定位，彭蕾担任小微金服 CEO。即使转了型，彭蕾依然强调"服务"的重要性，要面向普惠金融，服务小而美的金融需求。她说：

> "我们强调的是金融服务集团，注意，是服务，我们和金融控股集团不一样，也和财团不一样。我们立足服务，服务背后是小而美。我们面对的都是"屌丝"用户，想的就是小的事情。"[1]

6 月，在支付宝和天弘基金的共同努力与攻坚下，余额宝正式上线。小微金服副总裁樊治铭在发布会上说余额宝是"金融行

---

[1] 对话彭蕾：阿里正走在创新与安全的金融平衡木上，2014-1-8，http://www.iwshang.com/Post/Default/Index/pid/232866.html。

业的一小步，互联网行业的一大步"。[1]

之所以会给余额宝如此高的评价，并非支付宝自卖自夸，而是它本身的独特性。一方面，作为国内首支互联网基金，余额宝实现了实时消费支付，完全突破了传统基金的申购赎回规则；另一方面，购买传统基金最少也要100元甚至1000元，而余额宝将门槛降低到了1元，只为实现金融的普惠性，提升用户体验。

正是因为具备了这样的优势，使得余额宝上线第一天用户就有几十万，第四天更是登上了央视新闻联播。再加上余额宝刚推出没多久，恰逢中国货币市场就经历了一场百年难遇的钱荒，银行间同业拆借市场的利率飙升，余额宝借助有利时机，通过大量投资于协议存款的方式，年化收益率升至6%以上。

高收益率加上高流动性，用户的购买热情被彻底点燃，并在金融界掀起了一股互联网金融的超级旋风，普通民众的理财意识被彻底唤醒，大量银行存款流入余额宝。这些钱又从余额宝进入货币市场，被银行已更高的利率借走。据统计，2013年下半年，余额宝基金几乎每一个月都能涨五六百亿元。[2]如此大规模的资金流入，与银行的"钱荒"、刚性兑付等导致的负债支出居高不下的境况形成了鲜明的对比，让银行等金融机构感受到了前所未有的威胁。

于是，银行等传统金融机构纷纷跳出来质疑余额宝的合法性，甚至有人将其比作"趴在银行身上的'吸血鬼'"。[3]

2014年3月，央行宣布暂停二维码支付业务，暂停虚拟信用。

[1]由曦:《蚂蚁金服:科技金融独角兽的崛起》，北京:中信出版社，2017年，kindle版，第2174页。

[2]由曦:《蚂蚁金服:科技金融独角兽的崛起》，北京:中信出版社，2017年，kindle版，第2200页。

[3]由曦:《蚂蚁金服:科技金融独角兽的崛起》，北京:中信出版社，2017年，kindle版，第2250页。

相关金融监管部门几乎是每周都去查余额宝，因为金融需要绝对安全，意外和爆发式增长等情况都不是监管部门想看到的，只是查来查去，发现余额宝并没有太大问题。于是，央行行长周小川都明确表示："央行不会取缔余额宝。"[1]

余额宝没问题，银行才更担心。紧接着，中国四大银行抱团，相继宣布调低支付宝快捷支付的单笔限额和日累计限额，并声称此举目的在于"保护用户资金安全"。[2]

3月23日，马云忍无可忍地公开发文质疑："不知道谁给银行的权利，可以伤害储户支配自己资金的权利，更不知道谁来监管四大'国手'联合封杀的合法性。有国际友人说，'举世未闻，匪夷所思'。"[3]

马云一贯是这样直来直去地表达自己的想法，但是这种处事方式却并不适合被高度监管的金融领域，更何况这一领域的主要参与者是国有机构。如果一直这样硬扛，吃亏的只会是支付宝。

善于洞察人心的彭蕾并没有附和老板的抱怨，她客观地分析了前因后果，找出了问题的关键所在，针对银行最担心的事做出一系列回应，旨在尽快消除银行与支付宝的误会，为支付宝赢得更多金融界的好感与支持。她刻意降低支付宝的姿态，给足银行大佬面子，她说，银行作为国家金融体系主动脉，发挥的作用不可能被替代，而网络支付和新兴金融服务则是今天整个生态体系中的毛细血管。主动脉与毛细血管都是整个金融生态体系的有机组成部分。

---

[1]熊剑辉：《支付宝女王彭蕾》，华商韬略，2016-8-27，https://mp.weixin.qq.com/s/OeFmMrM1gics6uk-yJZWkA。

[2]熊剑辉：《支付宝女王彭蕾》，华商韬略，2016-8-27，https://mp.weixin.qq.com/s/OeFmMrM1gics6uk-yJZWkA。

[3]由曦：《蚂蚁金服：科技金融独角兽的崛起》，北京：中信出版社，2017年，kindle版，第2306页。

针对银行对余额宝发展前景的担心，彭蕾表示，余额宝并非是支付宝的战略级产品，只是为了让用户放在支付宝里的余额通过投资相对比较安全的货币基金来获取一点儿收益，所以它才叫余额宝……它从来不是为了颠覆谁，或者打败谁。[1]

彭蕾还辅之以大量数据说明余额宝的定位，她表示，虽然余额宝看着总量大，但是引入余额宝的存款也只占存款总量的1%，这对银行来说简直是九牛一毛，不值一提。并且余额宝的人均投资仅仅5000元，这意味着转向余额宝理财的都是些银行懒得招呼的小客户，[2]完全不会威胁到银行的业务发展。

针对四大行与支付宝的争议以及对余额宝的敌视，彭蕾坦言，有争议不要紧，任何争议相信通过理性客观的沟通都能解决，但前提是不能影响用户体验和利益。争议之后，更希望大家能与生态体系其他各个参与者一起，努力发展普惠金融，让金融更好地为经济社会发展和民生改善服务，这才是最终目标。[3]

在这次的危机应对中，彭蕾并没有像马云那样公开自己的愤怒，而是很好地发挥了自己独有的柔性冷静，以相对平和的方式化解了这场突如其来的危机，并且积极进行危机后修补工作，陆续将社保基金、中投海外、建信信托、中国人寿、中邮集团、国开金融、春华资本等"国字头"的金融大佬引入小微金服（后来的蚂蚁金服）做股东。有了这些巨鳄的加入，再有颠覆性的金融产品出现，也不用怕被那些"国手"围攻了。

---

[1]阿里彭蕾：从来未把余额宝当成战略级产品，2014-3-28，https://tech.qq.com/a/20140328/017903.htm。

[2]熊剑辉：《支付宝女王彭蕾》，华商韬略，2016-8-27，https://mp.weixin.qq.com/s/OeFmMrM1gics6uk-yJZWkA。

[3]阿里彭蕾：从来未把余额宝当成战略级产品，2014-3-28，https://tech.qq.com/a/20140328/017903.htm。

"不讲道理、小心眼"是女性的优势

从接手支付宝至今，彭蕾成功将饱受诟病的支付宝变成了价值百亿的金融独角兽。那么，从"技术小白"到如今的"金融女王"，彭蕾成功的秘诀是什么？她说，在初次踏入所谓的以男性为主导的金融世界时，支撑自己坚持下去的信念只有一个，就是心里面对未来的向往和不切实际的白日梦。

这个梦想、白日梦听上去非常不切实际，但是我们每次做商业决定的时候，就是那么实际地在指导我做所有的商业决定，在指导我做所有的产品细节，在指导我去怎么连接我的团队，怎么去跟我的员工交流，我们今天所做的所有的事情真正的点滴意义和价值所在，所以这是一个不切实际的梦想，很虚幻的梦想，让这个世界有一些微小而美好的改变。

但是它对我的工作乃至我的生命，有非常强的指导意义。[1]

正是这份梦想与坚持，让彭蕾刚担任支付宝 CEO 时，便对支付宝重新进行了战略定位，一改以往过度追求规模和利润的发展模式，转而将提升用户价值作为唯一目标，并专注于创造"小而美"的改变。

彭蕾直言，身为女人，除了爱做白日梦之外，另一大特点就是可以任性，不讲道理。这听起来好像有点儿不可思议，毕竟我们通常接收到的观念就是要服从、要按理性规则办事。但是，在支付宝的这些年，彭蕾却有些"霸道、不讲道理"，通俗点儿讲就是要起了无赖。这也是不得已而为之。因为在这样一个男性为主导的金融领域，每次当彭蕾对其团队讲，自己想要什么样的东西或者期待什么样的效果时，那些男性队友就会开始 123 地论述起各种弊端和不可能，而且他们的论证和强大的逻辑，让彭蕾根本无法通过理性方式去反驳。

每次碰到这种情况的时候，彭蕾就会行使女人"不讲道理"的权利，她说："那时候我觉得行，你们讲得都对，但是对不起，我就要这个。然后他说你要这个不行，原因是什么什么。我说我知道了，就这么定吧。"

有些时候，我们要勇于"耍赖"，勇于"不讲道理"，有时候你就告诉团队，你要么改变我，你现在没法改变我，你就照着这么做。[2]

---

[1]彭蕾：女人不要放弃直觉和耍赖，2015-5-20，http://finance.sina.com.cn/hy/20150520/112722224329.shtml。

[2]柳小青："彭蕾的女性领导力"，《决策》，2015 年第 11 期，第 73 页。

在实际工作中，彭蕾就是这么"不讲道理"。她力排众议，让支付宝去做"出力不讨好"的公共事业缴费，而且是免费向所有人开放，无论是支付宝注册用户还是非用户。最开始，遭到了很多误解和质疑，可彭蕾相信自己的直觉，于是，她坚持了下来。后来的事实证明，彭蕾的坚持再一次对了。

当然，这种"不讲道理"并非是一意孤行，一旦知道自己确实做错了，彭蕾也会勇于承认自己的错误，不仅是口头上的承认，还会和团队复盘错误的原因，从中汲取教训。在她看来，就认错而言，女性其实比男性更容易，因为男性会更爱面子。错误并不可怕，可怕的是回避，是掩盖。彭蕾说：

> "我自己的体会是真实、真诚，不要回避问题，你既然敢于当时那样说、那样做，你就要有勇气面对当时所做的一切。"[1]

2016 年，支付宝爆出"圈子"事件，彭蕾第一时间召集蚂蚁高管深刻反思，并发布内部信，公开承认所犯的错误，称自己做错的事，永远不能怪别人。面对错误，彭蕾选择的是直面所有问题，并积极改正，博得了很多好感。因为这份坦诚与勇敢，支付宝再一次顺利渡过了危机。

在女性世界里，还有一个鲜明特点就是"小心眼"，或者说是偏执。彭蕾说，女人最容易小心眼的情景就是，回家后的老公，

---

[1] 女性创业大会召开，彭蕾：有女人的地方才不会干巴巴的，2015-5-20，http://www.qlmoney.com/content/20150520-39596-4.html。

被发现有长头发或是口红印，对这种事情，每个女人都会特别敏感，特别不开心。每当这个时候，女性朋友们都会化身"福尔摩斯"，会抓住每一个细节对老公进行盘问，边问边观察，不放过任何蛛丝马迹。

透过现象看本质，也就是说，当在你熟悉或者擅长的领域里，突然来了一个竞争者，来了一种威胁，她比你更好，这是让人很不爽的事，也是很容易激起斗志的事。彭蕾认为这种激发完全可以应用到工作中去，她说：

> "你们最擅长的那个领域，如果有一个外来者，突然发现你 out，我比你更优秀，我比你做得更好，我比你有资格和能力去创造更好的价值和更好体验的时候，你的反应是什么？……我觉得在这个事情上我自己的体会是绝对的小心眼，也许我没有办法去说我可以在这个事情上取得绝对的胜利，但是我要付出 200% 的努力，证明我们的决定是正确的，而且证明我可以，我也更有能力比你创造更大的价值，更好的体验给到周围这些人，给到社会。"[1]

这与英特尔创始人格鲁夫所说的"只有偏执狂才能生存"有异曲同工之处。

这种偏执并不是让人去钻牛角尖，而是坚持做内心深处认为最该做的那件事。其实，女性比男性更会取舍或者权衡利害关系，

---

[1] 彭蕾：女人不要放弃直觉和耍赖，2015-5-20，http://finance.sina.com.cn/hy/20150520/112722224329.shtml。

因为在女人的一生中,不断在面对做出艰难决定的问题,事业、家庭与孩子如何平衡才能达到那种你觉得舒服甚至是完美的状态,彭蕾说:

> "所有的事情,我们得要去努力,得要去沿着我当时心里面直觉最应该做的决定去努力,但是努力到尽头以后,我们对这个结果坦然接受,不要较劲。尤其是在职业的环境里面,不要去和男同胞们比肌肉,这个不是咱们该干的事。"[1]

究竟该如何平衡工作与生活,彭蕾有自己的"秘密武器"。第一个就是一个隐形的梯子。虽然身居高位,被外界盛赞为全球最具影响力的女性高管之一,但是彭蕾却能一直保持一颗平常心,就是因为她的"隐形梯子"。她很不适应别人把自己看成是"女强人",每当有人称赞其所取得的成绩时,或者自我感觉飘飘然的时候,她就"顺梯溜",她说:"在被很多赞美,被什么架上去的时候,我马上可以顺着这个梯子下来。"

> 女性在很多时候面对外界的压力,很多令自己纠结、痛苦、无所适从的时候,我们那个梯子是帮我们顺利地找回本来的我的这样一个途径,这个途径千万不要把它忘记了,不要把它给断掉了。无论是外界的压力还是家里的压力,无论是工作的成就还是胜利的喜悦,一定要留一个通道让你通向

---

[1] 支付宝女王彭蕾的创业故事,2017-10-12,http://news.959.cn/2017/1011/4226463.shtml。

真实的自己。[1]

这个"隐形梯"还是彭蕾渡过难关的好帮手。它是彭蕾打通"最后一公里"、走入别人内心的桥梁，也是帮助彭蕾跨过最后一道坎的得力助手。无论是碰到现实的障碍还是心理上的难关，彭蕾都会想象自己有把梯子，有了让自己坚持下去的助力。

列宁曾说过，谁不会休息，谁就不会工作。人不可能一直都处于工作的紧绷状态，强大如彭蕾也不能。彭蕾说，无论多忙、压力多大，都要有一个能让自己放松的心灵花园。它可能是一本书，是音乐，是电影，是一次旅行，是你跟家人相处的温馨时刻，亦或是一部无聊的肥皂剧，只要能让你彻底放松，不用在乎到底是什么形式，沉浸到里面，给自己的心放个假。一定不要放弃这种放松的形式，如果没有，就多一点儿尝试，找到它。这不仅是放松，更是认识真正的自己的途径。

---

[1]彭蕾：女人不要放弃直觉和耍赖，2015-5-20，http://finance.sina.com.cn/hy/20150520/112722224329.shtml。

从"小"做起

一直以来，彭蕾都喜欢用"小确幸"来衡量她和公司所做的事情，"小"就是起点低，覆盖广；"确"就是确定性，人与人之间建立的更好信任；"幸"是幸福感。[1]无疑，这种理念经过彭蕾不遗余力的推广，已经渗透到了支付宝的文化中。

2014年10月，阿里小微金融服务集团正式更名为浙江蚂蚁小微金融服务集团有限公司，简称"蚂蚁金服"，彭蕾担任公司董事长兼CEO，同时也是公司法人，旗下涵盖支付宝、支付宝钱包、余额宝、招财宝、蚂蚁小贷、网商银行等多个金融业务板块。之所以取"蚂蚁"一名，是因为公司一直以来都是从"小"做起，也只对小微世界感兴趣，蚂蚁金服身上承载了太多小微的梦想，就像蚂蚁一样，虽然每个个体都很渺小，但是喜欢与更多小伙伴

---

[1]彭蕾：让理想信念薪火相传，2016-11-18，http://www.huaxia.com/tslj/rdrw/2016/11/5086940.html。

同行，以小聚大，能激发出无穷的力量。同时，"金服"意在强调"服务"，也点明了蚂蚁金服不同于传统金融控股集团，它在服务金融机构的同时，更加关注金融圈的边缘人士——普通消费者和小微企业。

在彭蕾的推动下，蚂蚁金服的财富官被称为小确幸的财富官。蚂蚁金服要实现的小确幸，就是"让每个人、每个小企业都可以在金融的帮助下实现自己的梦想，而不是变成金融的奴隶"。[1]彭蕾说：

> "财富管理这个事我一直觉得比较高大上，说得简单一点儿，就是小确幸，理财为了孩子的教育，孩子、父母的健康，或者近一点儿，小一点儿，就是出国的旅行呢？这样理财服务会变得比较有温度，变得比较有情感。这也是我们带着有互联网基因的一群人，我们每天在思考、每天在琢磨怎么做出来，有温度，有体感的，带给人幸福感和确定性的理财服务。"[2]

在彭蕾看来，与传统金融的高门槛不同，以余额宝为代表的互联网金融，是以用户需求为首，通过开放、便捷的方式帮助用户解决问题，尤其是那些被传统金融行业拒之门外的小微群体，并在此过程中实现金融机构自身的价值。

---

[1]蚂蚁金服集团 CEO 彭蕾：互联网金融不止于"向钱看"，2015-8-6，http://media.people.com.cn/n/2015/0806/c40606-27418598.html。

[2]彭蕾：财富管理其实是种"小确幸"，2015-6-20，http://news.hexun.com/2015-06-20/176906764.html。

　　蚂蚁金服之所以能够在互联网金融领域大放异彩，主要归功于蚂蚁金服对用户需求的精准研判。据统计，在发展中国家，仅有 40% 的家庭拥有储蓄；有信贷需求的个体中只有 21% 的人通过正规渠道来解决融资需求，剩下的 79% 都是通过地下钱庄和融资借贷完成的；在中国，有 72% 的成年人不能正确理解"风险分散""通货膨胀"等金融概念……这都说明中国的"金融小白"非常多，[1] 这意味着巨大的机会，当然也包含着巨大的风险。

　　而互联网的特点在于分散性、去中心化、碎片化，当互联网与金融相遇，二者能够实现优势互补。开放、包容、接地气的互联网，能够使高高在上的金融变得更为市场化、平民化、普惠化。

　　更重要的是，彭蕾领导下的蚂蚁金服，专注于零散、细小的大众需求，致力于让小客户也能享受到如大客户一样的金融服务，打通投资、融资的"最后一公里"，甚至让 500 米内的商圈支付都变得便捷、迅速。她说，互联网技术的革命，正在成为新一代商业的基础设施，并使得普惠金融成为可能。移动互联技术使得个人，而不是机构成为中心。在此基础上的互联网金融创新，让每一个金融消费者仿佛随身携带着银行、交易所和投资顾问，金融的门槛从此大幅度下降，数据搜集和分析的成本也大幅度下降，金融也就自然越来越普惠。这是一个正向循环：越为用户着想，用户就越多；用户越多，技术和数据的成本就越低，普惠金融就可以做得更好。[2]

---

[1] 蚂蚁金服董事长彭蕾：KPI 不是规模利润，而是客户存续时间，2016-11-3，http://bschool.hexun.com/2016-11-03/186719410.html。

[2] 蚂蚁金服集团 CEO 彭蕾：互联网金融不止于"向钱看"，2015-8-6，http://media.people.com.cn/n/2015/0806/c40606-27418598.html。

　　基于这样的理念和特点，彭蕾指出，蚂蚁金服每做一样新产品，都有基本的指导原则。

　　一是产品本色。即不要有一大堆花哨的术语，而是直奔主题；二是"说人话"；三是风险提示。让用户知道风险自负，例如"股市有风险、入市需谨慎"这样的提醒，必须在产品流程中随时随地体现；四是互动教育。在社区、在网上分享、交流，提供怎么识别风险、怎么管理适当性等内容。[1]

　　蚂蚁金服的快速发展，再次印证了彭蕾坚持做普惠金融的正确性。2015 年，支付宝的年活跃用户达到 4 亿 5 千万，每笔支付交易的成本降至 0.02 元；余额宝为 2 亿 5 千万用户服务，为用户带来了 500 多亿元的收益；累计发放 6000 多亿元贷款，平均每笔贷款数额小于 4 万元。在中国农村，支付宝的活跃用户数突破 6000 万，余额宝用户超过了 3700 万，蚂蚁金服旗下的网商银行推出的"旺农贷"，截至 2016 年 2 月底，已覆盖全国 24 个省 139 个县的 2425 个村庄，农民户均贷款支用金额 4.4 万元。[2] 如此庞大的小微群体受惠于蚂蚁金服提供的金融服务，被称之为"蚂蚁效应"。

　　即便已经成为互联网金融领域的老大，彭蕾却始终强调要坚守普惠金融的初心，即金融产品的价值不应只"向钱看"，而是要看它是否将用户需求放在首位，是否改善了金融消费者的使用体验，是否为推动社会进步做出了贡献。彭蕾说：

---

[1] 蚂蚁金服董事长彭蕾：KPI 不是规模利润，而是客户存续时间，2016-11-3，http://bschool.hexun.com/2016-11-03/186719410.html。

[2] 彭蕾：让理想信念薪火相传，2016-11-18，http://www.huaxia.com/tslj/rdrw/2016/11/5086940.html。

"我们就是要把所有事情回到感性的初心去思考，而不是纠结于理性与逻辑本身。"[1]

为了坚守"小确幸"的初衷，在确保安全性的前提下，让互联网金融成本降至最低，不懂技术的彭蕾带领团队不断攻克技术难关，打通金融"最后一公里"的技术难题。尤其是她主导的"去IOE化"，使得蚂蚁金服上的单笔支付成本降到了1分钱，用户还能够免费跨行和跨地域支付。

用户获得的极大便利，是蚂蚁金服在幕后默默花费近十年时间的结果。自2009年淘宝开始搞双十一之后，阿里巴巴每年产生和处理的数据量出现了爆发式的增长，而如果一直采用Oracle数据库的话，运营成本将是天价，并且基于传统IT环境而建的Oracle数据库，已经无法适应如今互联网大规模、高并发、实时在线、大型网络优化等新兴需求。[2]

于是，蚂蚁金服决定自主研发分布式数据库，忘掉IBM小型机，去掉Oracle数据库及EMC的存储设备，即"去IOE化"。之所以会有如此大的动作，是因为在创建了自己的分布式数据库之后，"蚂蚁金融云使单笔支付的系统成本从传统IT架构的几毛钱降到1分钱，单笔贷款的系统成本降低到1元以下"。[3]这是彭蕾一贯的风格，要做就做到极致。

[1]彭蕾阐释蚂蚁金服定位：做小确幸的普惠金融，2015-8-3，https://tech.sina.com.cn/i/2015-08-03/doc-ifxfpqxf0168141.shtml。

[2]厉害了，蚂蚁金服！创造了中国自己的数据库OceanBase，2018-3-26，https://www.sohu.com/a/226373238_99940985。

[3]"去IOE化"十年后，蚂蚁金服的金融技术发展如何？2018-9-19，http://finance.ifeng.com/a/20180919/16515235_0.shtml。

互联网的出现，为普惠金融的实现提供了可能。而大数据和云计算技术的发展，让普惠金融从一个公益概念变成了真正的商业机会。在发展普惠金融，实现"小确幸"的路上，彭蕾让人们看到了一个企业家的担当，更看到了公益性与商业性兼得的可行性。

第八章

蚂蚁不会变大象

　　微信的出现，让彭蕾惊觉自己仿佛被时代抛弃了。落后就要挨打，支付宝迅速应对，找准短板，倾全公司之力转战移动端，并和微信开始了漫长的"双马之战"。然而，在社交领域的急功冒进，也让支付宝遭遇了最大的危机。面对"圈子"事件，彭蕾选择的不是逃避，不是推卸，而是第一时间出来道歉，并以最严厉的措施处置了相关人员，让一场危机迅速化解。

落后就要挨打

2011 年 1 月，"微信"横空出世，仅仅一年多时间，用户数量就突破了两亿，日活用户数达到了 1 亿，并且这个数值还在急速增长中，成为移动互联网市场的领军者。随着其用户的增加，2014 年马年春节，微信更是通过春节红包产品，实现了大规模用户绑卡，以至于有评论说，"微信在一夜之间完成了支付宝八年来所做的事"。[1]

这不仅仅是外部人的感受，包括彭蕾在内的所有阿里人都感受到了巨大的危机。支付宝一直将"创新"刻在骨子里的，又怎会让微信"偷袭了珍珠港"呢？事实上，支付宝并非对移动互联网的迅速崛起无动于衷，早在 2010 年，支付宝就开始了移动无线端产品的尝试，只是进展非常缓慢，也没有能拿得出手的 APP

---

[1] 由曦：《蚂蚁金服：科技金融独角兽的崛起》，北京：中信出版社，2017 年，kindle 版，第 2503 页。

产品，2012 年底，支付宝的移动端日活用户还不到 100 万人。[1]
当时，支付宝 APP 的活跃功能只有转账、信用卡还款、手机充值。

不仅是支付宝没有做好迎战移动互联网的准备，整个阿里巴巴集团都是如此。彭蕾说："突然有一天，当智能手机已经遍布大街小巷，所有人都变成'低头族'时，我们在手机上有什么？自己突然出了一身冷汗，就好像已经被一个全新时代抛弃了。"[2]

这种危机感让彭蕾和她的支付宝团队率先在全集团开始 ALL IN 无线战略。按照阿里巴巴的惯例，每当集团、公司有重大战略转型时，都会伴随一次重大人事调整。当彭蕾决定带领支付宝背水一战时，她想到了屡建奇功的樊路远（原名樊治铭）。

之所以会选樊路远，不只是因为他是快捷支付等爆款产品的主帅，还因为他胆大心细，敢于打破常规。

时间紧，任务重。为了让全员真正重视无线战略，彭蕾特意组织召开了动员大会，她在会上分析了当前的严重态势，对移动互联网的发展前景做了透彻分析，旨在让全体员工从内心绷紧一根弦，毕竟这是到了支付宝生死存亡的紧要关头，要进行的是一场只能赢不能输的大战。在彭蕾的授意下，曾松柏带领人力资源部为动员大会特别设计了勇士出征的场景，通过擂鼓、绑头带、领军令状等形式，鼓舞全员士气。如此大的阵势，让每一个人都感受到了紧张的气氛和严峻的形势，唯有往前冲方能缓解压力。

动员大会一结束，公司的无线战略迅速被分解，很多核心员

[1]由曦：《蚂蚁金服：科技金融独角兽的崛起》，北京：中信出版社，2017 年，kindle 版，第 2392 页。

[2]由曦：《蚂蚁金服：科技金融独角兽的崛起》，北京：中信出版社，2017 年，kindle 版，第 2386–2387 页。

工参与到战略的具体讨论中去。为了迅速提升效率，彭蕾对参加细节讨论的员工进行了重新组队。临时组建的新团队先是进行头脑风暴，讨论无线的战略、产品规划、客户定位、架构等问题，然后每个团队拿出自己的解决方案，最后是各个方案进行 PK，求得最优方案。很快，支付宝 ALL IN 无线的产品策略确定了下来。

移动互联网时代，讲究的就是效率，是时不我待。明确了目标和策略之后，樊路远一声令下，三百多人的团队便集结到杭州黄龙时代广场 B 座 14 层关中书院会议室闭关开发，在这个不算大的空间里，大家人挨人，背靠背地共同为支付宝的新方向而挥洒汗水。当时，执行的是 996 工作制，而实际上加班到半夜是经常的事。一些人索性睡在公司，累了就眯一会，醒了继续干，仿佛回到了湖畔创业时代。高强度的工作并没有让任何人产生一丝一毫的怨言，每一个人自发地尽最大的努力把项目做好，满脑子想的是如何利用有限时间为自己多充电，如何顺利解决一道道难题，如何抢到移动互联网的"时间窗口"。

作为主帅，樊治铭自然不会躲在办公室里，他以身作则，事必躬亲，在闭关的二个月时间里，每天晚上他都会和产品总监一个页面接一个页面地过，看产品流程、页面设计，先行体验产品，再去评估。期间，技术、产品、运营、市场以及设计师也都在场，遇到问题能立马解决。为了找到更好的解决方案，樊治铭时常让产品经理和技术经理现场 PK。那段时间，项目室的讨论声不绝于耳。

要长时间保持这种高涨的士气并非易事，人的精力是有限的，闭关的时候，疲惫是所有人的最大感觉。为了让员工保持一开始的那股冲劲，曾松柏也是费尽了心思。他想到的是"小胜即庆"

的方式，搞了一个"小微战绩"的小仪式。人力资源部特意在公司一层大厅的墙壁上竖起了一面鼓，每当有无线战队的人取得胜利时，大家就会花15分钟搞一个小型庆祝会，击鼓相庆，大声说出他们取得的成绩，并把成绩写在布条上，挂到鼓上。后来，成绩实在太多了，又挂了一层北面的竹子上。

在闭关室里，曾松柏派人贴了很多煽动人心的标语，像"要么生，要么死，再不拼，生不如死""不疯魔不成活"等。看似不起眼的标语，却把团队的创作干劲激发了出来。曾松柏的创新做法获得了彭蕾的赞赏。

当然，士气高涨并不意味着大家会盲干。保持士气的同时，研发团队在具体工作中，依然是以冷静、理性为主，他们会先梳理产品，选出那些能给用户带来更多价值的产品作为优先研发对象；同时结合移动端的特点，开发一些新产品。

从 PC 端转到移动端的路并不平坦，当时研发团队遇到的最大困难就是不熟悉移动端特性。最开始，大家只是将 PC 端的经验照搬过来，但是很快就发现简单照搬完全行不通。比如，在 PC 机上，登录支付宝会有图形校验码，但是手机上照搬过来，就会出现很多问题，并导致用户体验大幅下降。仅登录注册界面这一个小项，就要考虑无数细节问题。虽然困难有千万，也踩了无数的坑，但是，在全员三个多月的努力下，众人期待的支付宝 7.0 版本正式亮相。

但是，如何将当时 PC 端的 6 亿多用户引流到移动端，也是一个大问题。支付宝放出了大招：PC 端转账收费，移动端免费。虽然很多用户因此抱怨不断，但是这一招确实收到了很大的效果，PC 端用户逐渐转向了移动端。很快，PC 端用户和移动端用户比例从 7:3 变成了 3:7。[1]对于这次向移动端转型的战役，彭蕾感慨颇多，她说：

> "ALL IN 无线是继 2003 年'非典'之后，阿里巴巴遇到的最大挑战，是公司在受到强烈的外部刺激之后，产生的一种应激的'膝跳反应'，也是阿里巴巴为数不多的全员上下的热血投入。"[2]

对于支付宝全员能以如此巨大的热情和心力投入进去，彭蕾既感动，又觉得是必然，尽管她无法从逻辑的角度给出一个解释，但是她却从一开始就坚信 ALL IN 无线战略会顺利推行，因为：

"我们的基因决定了我们在面临这样的状况或者类似的状况时，就会自然而然产生一种'膝跳反应'。"[3]

---

[1]由曦：《蚂蚁金服：科技金融独角兽的崛起》，北京：中信出版社，2017 年，kindle 版，第 2549 页。

[2]由曦：《蚂蚁金服：科技金融独角兽的崛起》，北京：中信出版社，2017 年，kindle 版，第 2427-2429 页。

[3]由曦：《蚂蚁金服：科技金融独角兽的崛起》，北京：中信出版社，2017 年，kindle 版，第 2429-2430 页。

场景是最重要的事

就在彭蕾、樊路远等人觉得可以松口气的时候，2014年春节，微信借助"红包"，通过熟人社交关系链，一举完成大量用户的绑卡，给支付宝来了一记闷棍。这次事件被马云称为"偷袭珍珠港"。之所以会对支付宝触动如此之大，是因为"红包"原本是支付宝最先创造出来的产品，并且在2014年春节之前，支付宝也是打算趁春节这一有利时机推出"红包"的，只是因为开发资源等问题而错失了有利时机。令彭蕾始料不及的是，他们的错过却成就了微信，进而导致支付市场由支付宝一家独大变成了两强争霸局面。

事实上，即便支付宝与微信同一天推出"春节红包"，它也不是微信的对手，因为微信是做社交起家，"红包"带有浓厚的社交色彩。单就这一点而言，支付宝未出场就输了一段。不服输的支付宝，在2015年羊年春节上，也推出了诸如接龙红包、趣味红包、职场红包等活动，但是微信棋高一着，选择央视春晚合作，通过红包与观众进行互动，更添了一份人气，支付宝再次败北。

两次交手却接连失利，这让彭蕾、樊路远等人再次陷入了沉思。微信支付的崛起并不是最可怕的，最可怕的是故步自封。前有柯达胶卷，后有诺基亚，没能跟上时代步伐的行业巨头从辉煌到没落也只在一瞬间。

在仔细研判了微信的发家史之后，彭蕾、樊路远等高层意识到了社交的重要性。但是，在"来往"试水失败的情况下，支付宝内部很多人对再发展社交是持反对态度的，毕竟在微信几乎将社交做到极致的情况下，支付宝再去做社交，会不会变成了"东施效颦"？

事实上，支付宝与微信的用户的重合度是相当高的，很多功能也是相近的。每个人每天就只有那 24 小时，用在微信上的时间多了，花在支付宝的时间自然就少。而微信因其浓厚的社交色彩以及便捷的扫码支付，很容易黏住用户，几乎是指哪儿打哪儿。因此，微信支付一上市，便对支付宝构成了严重的威胁。

但是，单纯复制微信模式，肯定行不通。微信的成功在于人与人之间的互动和关系，而这正是以支付为主的支付宝所欠缺的。作为 ALL IN 无线的主帅，樊路远自然知晓这其中的曲折困难。他说，支付宝所做的社交不同于微信，它不是以单纯聊天为主，而是基于支付宝的场景来满足用户自然的沟通需要。[1]

以支付宝最常用的转账场景来说，按照一般习惯，人们都会

---

[1] 由曦：《蚂蚁金服：科技金融独角兽的崛起》，北京：中信出版社，2017 年，kindle 版，第 2530 页。

在转账之前核对账户信息，转完账后，收款方还会告诉对方是否收到了钱。如果支付宝没有聊天功能，那么用户也会用微信或手机沟通，久而久之，用户很可能会转移到微信上去转账。这并不是危言耸听，而是正在发生的事。随着微信支付在线上线下的高歌猛进，越来越多的小微商户开始选择用微信支付收单。微信用户规模的扩大会促使更多商家接入，更多商家的接入又会吸引更多的用户选择微信支付。如果支付宝还是在躺在过去的成绩上沾沾自喜，那么下一个陨落的巨星就是支付宝了。所以，即使可能失败，支付宝也要做自己的关系链，并通过各种场景，让用户把关系链沉浸在支付宝里，这样才能通过数据更好地服务用户。[1]

这注定是一场持久战。2015 年春节前后，马云、彭蕾等公司高管在新加坡召开的一次会议上达成了共识，即必须去做基于支付的消费场景，并决定重启"口碑"这一本地生活服务平台。

此后，彭蕾一再强调场景的重要性，场景在哪里，支付就在哪里。她认为：

场景是我们最重要的事情。支付之争就是场景之争。[2]

基于自身资源优势及对场景的理解，彭蕾重新将支付宝定位在了生活服务平台上，为此特意推出了支付宝 9.0 版本。一方面，支付宝页面中出现了"朋友"选项，以此引入社交链；另一方面，

[1] 由曦：《蚂蚁金服：科技金融独角兽的崛起》，北京：中信出版社，2017 年，kindle 版，第 2542 页。

[2] 由曦：《蚂蚁金服：科技金融独角兽的崛起》，北京：中信出版社，2017 年，kindle 版，第 2581 页。

生活服务平台的地位愈加清晰。新版支付宝的页面上，出现了各类生活、消费、购物、金融和理财场景，口碑也被放置在了显著的标签位置。正如彭蕾所说，微信支付只是支付，而支付宝的移动战略定位于"移动生活"——可以赚钱，可以打理生活，包括水电煤充值缴费。[1]

事实上，生活服务平台的定位也源自于对市场发展态势的精准洞察。2015 年，很多垂直型电商发展迅猛，也都希望拥有自己的支付公司。因此，如果支付宝对淘宝外的小微商户提供的只有支付服务，那么与微信竞争的优势只会越来越少。

只是，新版支付宝在刚推出时，却并不被市场看好，不少人认为支付宝这是在抄袭微信，几乎所有市场评论家都不看好支付宝。做产品就要有自己的坚持，顶着全社会的压力，彭蕾、樊路远和支付宝团队坚持了下来，并且取得了成功。

职场中，对任何站在风口浪尖的人来说，唯有坚持自我、坚定信念，才能乘风破浪，到达繁花似锦的彼岸。

尽管是微信的成功刺激了支付宝的快速蜕变。但是，支付宝并没有忘记提升用户体验的初心，而注重场景化的支付，就是要在实际生活的具体情境中，去解决用户的痛点，让金融和实体经济加速融合。正如井贤栋所说："我们看中的是我们和用户之间的从 1 到多，如何针对用户的多样化需求提供更好的服务体验。竞争并不是我们的出发点。"[2]

---

[1] 双马之争：社交平台挑战移动电商，2013-12-10，http://it.sohu.com/20131210/n391540629.shtml。

[2] 专访井贤栋：蚂蚁金服的利他主义进化论，2016-5-10，http://finance.ifeng.com/a/20160510/14374671_0.shtml。

　　2015 年 10 月 15 日，支付宝 9.2 新版本进一步加强了聊天的互动性，还顺势推出了一项功能：生活圈，用户可以将视频和照片分享给朋友，与微信朋友圈不同，支付宝增加了"现场"和聊天"阅后即焚"功能。在生活圈内，伙伴们发支付宝的使用动态信息，互看好友动态，记录生活点滴、与好友私聊等。不久，支付宝又上线了信用生活圈，这是一个类似于群的圈子，无需加好友，只要加入信用生活圈，就可以看到圈子里的人发布的动态，比如，有个"萌宠"圈，你只需扫二维码就能加入，里面全是喜欢动物的人，大家在里面发布"萌宠"动态，不是好友依然可以获得圈内信息。这些新社交功能的推出，无论市场风评如何，确实让支付宝顶住了微信的攻城略地。

　　虽然支付宝是背水一战，但是它并没有因此乱了阵脚。时至今日，我们依然看到的是充满活力与创新的支付宝。有彭蕾在，有坚守初心的团队在，必将风雨无惧。

勇于认错，及时止损

在与微信的竞争中，支付宝高调拓展"社交链"，通过赞助央视春晚、集五福等方式，力图吸引更多新用户，只是效果不是很理想。痛定思痛之后，支付宝明晰了自己的"社交"定位与特色，即注重场景化"社交链"的营造，推出了各类生活圈，并根据每个人不同特征与生活习惯，邀请他们到不同的圈子里去。据统计，支付宝圈子灰度测试阶段同时上线了 100 多个圈子，其中，最火的莫过于"校园日记""生活在海外"和"白领日记"圈子。

这三个圈子是支付宝在 2016 年 11 月推出，当时支付宝正全力拓展"社交链"，以留住更多用户。在这三个圈子里，"校园日记"只允许在校女大学生发帖，"生活在海外"只允许海外女性发帖，"白领日记"只允许职场女性发帖，也就是说这三个圈子更鼓励女性用户发帖，男性用户则只能赞赏和评论。如果没有被系统邀请的"圈外人"想要评论在圈子里的动态消息，要满足芝麻信用分750分以上的条件。从种种规则来看,入圈的门槛还是比较高的。

但是实际上,这些"圈子"真正的运营者并非是支付宝,而是与其合作的各个母婴商户、健身机构、理财机构、宠物店等,支付宝只提供基本的技术支持与创新。虽然支付宝一直强调如果有不良事件,他们会第一时间检测出来,保证圈子的良性发展。然而,让彭蕾始料未及的是,圈子功能刚刚被市场追捧时,"校园日记""白领日记"等圈子里突然出现了大量低俗、大尺度的照片,通过打擦边球的形式获取更多打赏。

一时间,关于支付宝打擦边球、涉黄等负面评论甚嚣尘上,人们开始"声讨"支付宝的圈子功能。就连新华社都发文称,个别圈子流出大尺度照片反映出运营者和支付宝的监管不力。[1]

"圈子事件"开始发酵时,蚂蚁金服的高管们正在前往美国硅谷考察的飞机上。刚下飞机,彭蕾等人就被媒体包围了。震惊、难过的高管们为此中断了既定行程,在美国就地开会反思。这一次,不仅仅是外界的质疑,阿里内部对支付宝的"圈子"也是非议不断。

支付宝一次次的升级改版,并非要完全转型为社交工具,而是向世人证明,支付宝是不会被打败的。然而,"圈子事件"让抨击支付宝的声音越来越多,支付宝更是被市场一路唱衰。此时,作为支付宝的领头人,彭蕾的应对显得极为关键。善于洞察人心的彭蕾深知,此刻越为支付宝"洗白",越不能被大众接受。事实上,她也不打算为支付宝辩解什么,因为无论事件产生的原因

---

[1] 新华社:支付宝想在社交上开辟天地,光靠靓装吸引眼球是不够的,2016-11-29,https://www.thepaper.cn/newsDetail_forward_1570513。

是什么，事件本身已经严重违背了支付宝一直坚守的初心和使命。

在"圈子"事件发酵两天后，她就在阿里内网上发表了一封公开信，坦言错了就是错了，永远不能怪别人。她在信中写道："过去的这两天，是我到支付宝七年以来，最难过的时刻。我们经历过许多困难的时刻，但从没有任何一件事，如这次一样如此深的刺痛我。"面对内外部的各种质疑与批评，她也全部虚心接受，她说：

> "感谢公司内外从理性角度分析帮忙出主意的人。更感恩所有刺耳戳心的声音。爱之深责之切。不经历这样的刺痛，不经历苦心经营的品牌也许不慎毁于一旦的痛苦，我们还浑然不知，自以为是地在错误的道路越跑越远。"[1]

最后，彭蕾宣布了蚂蚁金服对此事的处理结果，她说："第一，所有打擦边球嫌疑的圈子立刻解散；第二，恶意发布突破底线图片的用户永久封号，并永久不能注册；第三，团队内部讨论整顿。想清楚并写下来，我们要什么不要什么，严格执行；第四，请人家继续鞭笞。"[2]

正是因为彭蕾的主动认错，很快就消解了"圈子事件"给支付宝带来的负面影响。经此一事，彭蕾等蚂蚁金服高层重新确定了支付宝的发展方向，明确表示支付宝不会再做社交，以全公司

---

[1] 支付宝认错了！彭蕾发内部信反思并道歉：错了就是错了。2016-11-29，http://business.sohu.com/20161129/n474457763.shtml。

[2] 支付宝认错了！彭蕾发内部信反思并道歉：错了就是错了。2016-11-29，http://business.sohu.com/20161129/n474457763.shtml。

之力回归支付的主业务上去。

如何在支付领域继续保持领头羊身份，彭蕾决定以线下支付为突破口。2017年1月，负责农村金融的袁雷鸣临危受命，领导团队打线下支付这场仗。为了不给自己留退路，袁雷鸣还立下了军令状，如果赢不了这场战役，不光光是他要离开公司，整个公司都可能会被踢出局。

在蚂蚁金服，立军令状相当于把自己的脑袋别在裤腰带上往前冲。袁雷鸣迅速组建了一支跨部门的战队，开始了抢夺线下支付市场的攻坚战。

为更好地获知线下支付的拓展情况，彭蕾要求袁雷鸣每天要用邮件写日报。让副总裁级别的高管每天写日报，这在阿里巴巴的历史上也是绝无仅有的，而袁雷鸣一写就是一年。直到2018年初，线下支付站稳脚跟后，日报工作才停止。

通过研究分析，袁雷鸣和团队发现，微信支付之所以能横扫市场，根本在于微信的社交网。它已经成为了男女老幼必不可少的社交工具。这一点是作为金融支付工具的支付宝不能相比的，毕竟不是谁都必须装一个支付工具的。因此，要想扩大支付宝的线下覆盖面，就必须从产品体验着手，从简从细，在这个"快餐"时代，人们更喜欢简单、方便的东西。

于是，2017年2月28日，一款名为"收钱码"的产品在支付宝上悄然上线，并推出了免费提现、赔付保障等服务，带动小微商户使用积极性。收钱码上线后，用户点击支付宝首页的"收钱"按钮，即可发起面对面的收款。

更重要的是，这款产品，不需要有支付宝账号，也不需要下载安装支付宝App，只要有一个手机号，有一个银行卡号，支付宝就可以帮用户关联上一个收款的二维码，当有消费者扫码支付时，钱就会直接转到用户登记的银行卡，简直不能再简单了。

如此一来，那些做生意的中老年人，不用下载支付宝，也能成为支付宝的用户。为了加速收钱码的推广，支付宝放出了一项免费寄送收钱码的服务，只要有用户申请，就给寄过去。据统计，单是这项，公司一年就花费了几个亿的快递费[1]，蚂蚁金服的决心可见一斑。

2017年初，收钱码还在酝酿阶段时，袁雷鸣曾向彭蕾汇报说，这个产品会成为阿里巴巴有史以来客户使用门槛最低的产品，当时彭蕾心里觉得袁雷鸣是在吹牛。然而，到了4月，支付宝线下支付的规模就超过了之前历史的总和[2]，这大大出乎彭蕾的意料。

时至今日，"支付之战"还在继续。对于支付宝来说，道路虽然曲折，前途却是一片光明，尽管支付宝在绝对用户数量上稍逊于微信，但是这几年的增速却是远高于微信的。[3] 更何况，在微信用户规模几乎触及天花板的情况下，全力奔跑的支付宝在可预见的时间内一定能迎头赶上。对于彭蕾来说，在陪伴支付宝的八年时间里，既是互联网金融行业的见证者，更是建设者。

---

[1] 支付宝的15年——使命、泪水与成长？，2018-11-12，http://news.hexun.com/2018-11-12/195185325.html。

[2] 支付宝的15年——使命、泪水与成长？，2018-11-12，http://news.hexun.com/2018-11-12/195185325.html。

[3] 支付宝的15年——使命、泪水与成长？，2018-11-12，http://news.hexun.com/2018-11-12/195185325.html。

主动拥抱监管

2014 年，因余额宝而引发的那场惊动整个金融圈的风波，让彭蕾等人更加注意学习如何与金融机构打交道，如何在专业与跨界、风险与创新之间找到那个关键的平衡点。

同年 5 月 10 日，一个普通的夏日午后，闷热难耐。在离西湖不到 1000 米的黄龙体育馆里，聚集着 4000 多人，他们是来参加阿里小微金融服务集团的年会暨支付宝成立十周年庆典。

如此有纪念意义的场合，自然少不了彭蕾。一身黑色暗花连衣裙，宛如邻家姐姐的她，刚走到台上，全场瞬间安静下来。"大家觉得刚刚过去的这一年，过瘾吗？累吗？有成就感吗？"彭蕾的演讲以三个问句开头。她自己的感受是五个字，"痛并快乐着"。[1]

---

[1] "支付宝女王"彭蕾，http://paper.people.com.cn/rmwz/html/2015-03/01/content_1553849.htm。

是的，这一年，支付宝历经大风大浪，成长了许多。尤其是在融入金融圈上，彭蕾和支付宝似乎找到了方向和方法。

作为行业龙头，支付宝账户托管的资金近千亿元，这么多钱只集中在了一个"篮子"里，确实令人担心。稍有不慎，绝对会引发金融海啸。所以，在支付宝十周年庆典上，彭蕾提出了小微金服（即后来的蚂蚁金服）发展的十六字方针：稳妥创新、拥抱监管、服务实体、激活金融。她认为：

> 创新是小微金服的灵魂和血脉，而在创新的同时做到稳妥则是一种能力；拥抱监管不是被动等待监管，更重要的是锻炼一种宏观思考的能力以及主动沟通的能力和方法，一种拥抱、理解监管的态度和能力。[1]

在彭蕾看来，"拥抱监管"相当于是把自己放到了聚光灯下，而这正是小微金服需要的。最开始，彭蕾等人对金融风险的理解更多地是停留在了技术层面，经过监管部门的建议，彭蕾将视野放大，从全局考虑互联网金融的系统性风险，于是，多部门的联动风控机制在小微金服内部被迅速搭建起来。彭蕾认为：

> 我们越来越需要学习如何被监管。互联网公司虽然都像不穿鞋的野孩子，但一旦拿了牌照进入金融领域，就必须按规矩做事，所以我们要学习如何被监管。这不仅是被动地等

---

[1]由曦：《蚂蚁金服：科技金融独角兽的崛起》，北京：中信出版社，2017年，kindle版，第3267–3268页。

待监管，而且更重要的是锻炼我们的宏观思考能力和主动沟通的能力和方法。[1]

方向确定之后，蚂蚁金服开始以更积极、主动、透明的姿态与监管部门沟通。为了适应金融发展下监管方式的升级，2015年10月，蚂蚁金服研发并推出了基于大数据的"备付金透明监管项目"，通过这一平台，央行在办公室里就可以在线实时监测支付宝备付金的资金运行情况、备付金管理规范的执行情况，整套体系和数据都可以和央行数据对接，央行可以抽取任意一笔交易明细数据，去验证其准确性、真实性。[2] 而且这一平台是7*24小时向央行开放的。彭蕾认为，相比于传统金融时代一个月交一份报表的情况，蚂蚁金服的这个透明监测平台，让监管部门真正做到了实时监管，实现了科学监管。

之所以会有这个动作，与互联网金融发展的行业乱象大有关系。因余额宝而引发的互联网金融热潮迅速席卷大江南北，P2P、众筹、共享经济、虚拟货币等类金融新业态爆发式增长，它们志在吸收社会公众资金，赚取资金收益。这类行业的兴起使得第三方支付行业呈现出一种非理性繁荣，全行业的备付金规模以高于支付业务增速的速度快速膨胀，备付金安全的风险事件逐渐增多。即便有监管部门的三令五申，但是受利益驱使，很多支付公司的备付金还是被大量挪用，极大损害了消费者的合法权益。

---

[1] 由曦：《蚂蚁金服：科技金融独角兽的崛起》，北京：中信出版社，2017年，kindle版，第3180-3182页。

[2] 蚂蚁金服推备付金透明监管项目 反洗钱项目正在研发，2015-10-16，http://tech.ifeng.com/a/20151016/41491619_0.shtml

在这种形势下，蚂蚁金服对监管的积极态度更具意义。不仅自己主动接受监管，彭蕾还在采访中，公开呼吁金融机构接受监管的重要性，并针对互联网这一新领域，给出了自己的建议。她说：

> "对于行业监管，我们建议要分类监管、分级监管和科学监管。首先是分类监管。互联网金融涵盖多个行业，包括P2P网贷、互联网支付、互联网保险，各行业特点各异、风险不同，建议监管政策分门别类。"[1]

此外，分级监管也不可或缺。当时，全国的持牌支付机构多达几百家，但是每家的技术实力、风控能力、从业人员资质等大不相同。单单资损率（坏账率）这一个指标，就千差万别。支付宝的资损率小于十万分之一，国际上与之对标的支付工具的资损率则为千分之二。对此，彭蕾倡导监管部门实行分级监管，由行业协会作为第三方机构梳理出类似资损率、故障率、从业人员资质等指标，为机构打分评级，监管部门参考这些指标，实行分级监管。[2]

与此同时，在国家开放民营银行牌照申请之后，蚂蚁金服立马提交了申请，准备筹建一家民营银行，也就是后来的浙江网商银行。

吸取了余额宝的教训之后，在网商银行的筹建过程中，彭蕾

---

[1] 蚂蚁金服 CEO 彭蕾：中国互联网金融正在弯道超车，2016-3-25，http://finance.people.com.cn/GB/n1/2016/0325/c1004-28227093.html。

[2] 蚂蚁金服 CEO 彭蕾：中国互联网金融正在弯道超车，2016-3-25，http://finance.people.com.cn/GB/n1/2016/0325/c1004-28227093.html。

特意挖来拥有丰富金融工作经验的俞胜法担任项目主帅，并主动与监管部门就每一个问题进行有效沟通。为了更好地阐述问题，俞胜法还让团队把筹办网商银行中涉及"一行三会"的监管政策全部罗列出来，逐条分析网络银行对监管政策究竟会产生哪些影响，在找到问题的焦点之后，再逐条与监管部门进行沟通。凭着多年的金融工作经验，俞胜法很容易就能抓住监管机构的关注点，很多话由他去说，极大提升了沟通效率。

在经过漫长的筹建与技术研发之后，2015年6月25日，蚂蚁金服联合上海复星工业技术发展有限公司、万向三农集团有限公司、宁波市金润资产经营有限公司成立的浙江网商银行正式对外营业。从一开始，网商银行的定位就很明确，打出了"无微不至"的口号，主要面向小微企业和网络消费者，为其提供关于贸易与生活方面的金融解决方案，这与蚂蚁金服的价值观和使命是一脉相承的。彭蕾在接受采访时曾说，当时恨不得将网商银行取名为"蚂蚁银行"，但是监管部门觉得带动物的名字很不严肃，所以他们才选了网商银行这个名字。

对于网商银行，彭蕾寄予了极大的期待，她说，网商银行的考核目标不是资产规模、利润率，而是服务的中小企业客户数和海量消费者。在开展业务的同时，网商银行要记录点滴信用，缩小城乡差距。在她看来，网商银行需要坚持普惠金融的愿景，用大数据和云计算技术完成"小银行、大生态"的目标，[1] 以开放的姿态贴近普通人和小微企业。

---

[1]由曦：《蚂蚁金服：科技金融独角兽的崛起》，北京：中信出版社，2017年，kindle版，第3311-3312页。

第九章

在梦想中造就希望

　　支付宝因淘宝"孵化"而来,但是支付宝必须脱离淘宝独立生存才能获得更长远的发展。经过十余年的发展,不论是用户保障体系的全面建立,还是芝麻信用的创新,以支付宝为主体的蚂蚁金服拥有了独立生存的实力,成为了普通大众和小微企业实现梦想的坚强后盾。

我们要做的就是独立生存

最初，支付宝是基于淘宝而创设的第三方支付平台，旨在促成淘宝交易的成功，这似乎决定了支付宝之于淘宝的依附关系。然而，从2011年支付宝私有化到2014年独立的金融服务集团——蚂蚁金服成立，阿里巴巴集团旗下相关金融资产与业务全部独立了出去，由蚂蚁金服统一管理。

马云执意将蚂蚁金服独立出来，是出于金融安全的考虑，毕竟阿里巴巴集团最大股东是日本软银集团，由外资企业掌控互联网金融行业的老大是绝不会被允许的。因此，蚂蚁金服在阿里巴巴赴美上市之前就被转移了出来。然而，主要靠天猫淘宝赚钱的蚂蚁金服，独立之后有独立生存和盈利能力吗？如果有一天，天猫淘宝支付渠道对外开放了，以支付宝为主的蚂蚁金服还能独霸市场吗？

面对这样的疑问，彭蕾显得十分淡定。她在采访中就表示，脱离阿里巴巴集团独立生存盈利是必须做的事。她说到，自己在来支付宝的第一天，就让团队去思考一个问题：淘宝开放了怎么办？不过，她很自信地说道："我们现在有信心，因为服务这么大体量的合作伙伴不是谁都能干的。我们建立了一个技术和安全的壁垒。"[1]

彭蕾的自信源自于支付宝对资金风险的高度防控意识及对用户保障体系的建立完善等措施。早在2007年，支付宝就提出过"安全结算365天"的小目标。为了实现这一目标，负责该项目的葛勇获及其团队在支付宝推行了强化措施和手段。比如，他规定关于系统操作的密钥必须放在保险柜里，只在使用时才被允许拿出。鉴于当时支付宝还有很多项目是手动进行的，无形中增加了资损率发生概率。为避免人为因素的干扰，葛勇获等人增加了很多复核和检查环节，旨在将人为失误降至为零。

谁都没想到，这个"零资损"目标会被实现并坚持了三年之久，创造出支付宝历史上著名的"1000天零资损"的辉煌战绩。支付宝有一项优良传统，即"小胜即庆"。为了庆祝"1000天零资损"的战果，2010年8月25日，马云、彭蕾等阿里巴巴高层到场助威，在庆祝条幅上签了名，马云给支付宝的题词是"知人者智，自知者明"，彭蕾则写了"安全传奇"四个大字。

然而，如果一直保持"零资损"的纪录，用户的体验必然会受影响，且投入的成本会相对较高，员工的压力也会很大。事实上，金融与风险是相伴相思的，在彭蕾及团队意识到这个问题后，迅

---

[1] 阿里金融掌舵人彭蕾：余额宝若被打败 一定是从内部攻破，2014-3-25，http://finance.ifeng.com/a/20140325/11973631_0.shtml。

速修改了资损率的目标，在可承担的风险范围内，不再刻意追求极致完美，而是寻求用户体验与资金安全兼而有之的最佳平衡点。找到风控方向之后，支付宝的资损率依然很低，每发生一百万笔支付，平均不到一笔会被盗。[1]

然而，随着支付宝的发展壮大，尤其是"双十一"购物节、快捷支付等爆款产品出现之后，支付宝每天的交易数额呈几何式增长，体量巨大的资金流的涌入，迫使支付宝再次升级金融安全壁垒。这时，俞吴杰成为了支付宝风控部门的重点引入对象。

在加入支付宝之前，俞吴杰已在 PayPal 工作了五年。当时，支付宝风控总监 Anita 极力游说俞吴杰加入支付宝。但是，此时的支付宝还处于低谷期，与风靡世界的 PayPal 根本不是一个数量级的，习惯了外企文化的俞吴杰直接拒绝了 Anita 的邀请。Anita 不死心地坚持着，他对俞吴杰说："你在支付宝获得支持，肯定远大于一家总部在美国加州的公司。"[2]

正是这句话触动了热血青年俞吴杰，一直在外企工作并非长久之计，看着自己辛苦得来的成果只能归于外国人，他心里更是难过，所以，他决定去支付宝试试。而彭蕾的话，则让一直犹豫的俞吴杰做出了最终的决定。

面对彭蕾，俞吴杰并没有多少顾忌，他单刀直入，对自己最关心的事情接连向彭蕾提问，他说：风险管理部门能给公司创造什么样的价值？或者说，支付宝希望风险管理部门创造哪些价

---

[1]由曦：《蚂蚁金服：科技金融独角兽的崛起》，北京：中信出版社，2017年，kindle版，第 2935 页。

[2]由曦：《蚂蚁金服：科技金融独角兽的崛起》，北京：中信出版社，2017年，kindle版，第 2949 页。

值？[1]

事实上，俞吴杰提问并非为了从彭蕾那找寻答案，而是要看可能成为自己领导的这位女强人，到底重不重视风控工作。一向直爽的彭蕾并没有因为俞吴杰的直接而感到不舒服，相反，她很欣赏俞吴杰的做法，她说：

"只要是能够给用户带来价值的，支付宝全部愿意付出。"[2]

得到了自己想要的答案之后，俞吴杰在 2011 年 3 月 31 日正式入职支付宝。尴尬的是，当初游说他的风控总监 Anita 在同一天离职了。唯一认识的人却离开了公司，俞吴杰刚一入职就直接被晾在了公司里。无奈之下，他只好拨通了风控部门新负责人云长的电话，结果，云长也只说了一句鼓励他的话，就没了下文。

看似是部门散漫不经，实则是支付宝的用人习惯，像俞吴杰这类引进的专家型人才，公司是不会立即催着他们进入状态做出成绩的。如此宽松的工作环境，给了俞吴杰充分认识支付宝、发现问题的机会。

凭着在 PayPal 多年的实战经验，初来乍到的俞吴杰迅速组建了一支临时团队，主动攻下了支付宝外卡收单免密项目，使得支付宝外币支付效率大幅提升。这只是俞吴杰的"牛刀小试"。接

---

[1]由曦：《蚂蚁金服：科技金融独角兽的崛起》，北京：中信出版社，2017 年，kindle 版，第 2955-2956 页。

[2]由曦：《蚂蚁金服：科技金融独角兽的崛起》，北京：中信出版社，2017 年，kindle 版，第 2961 页。

下来，由他牵头的支付宝用户保障体系的创设，可谓支付宝账户安全发展史上里程碑式的事件了。

在这个体系出来之前，还没有哪家第三方支付公司敢承诺对虚拟账户提供安全保障措施。当时，用户资金一旦被盗刷，绝大部分都只能自认倒霉。即便支付宝早在 2005 年就提出了"你敢付我敢赔"的承诺，但是并不包含账户被盗刷这一选项。

针对这段空白，俞吴杰带着团队重新投入到了支付宝用户保障体系的研发中去。不同于传统"层层加锁、加密"的保护手法，俞吴杰坚持化繁就简，试图通过支付宝判断指令是否是用户本人发出的。如何判断，自然是基于用户的可信行为习惯，即通过对用户多次操作的某种支付行为的分析，判断类似行为是否可信。根据这个思路，俞吴杰带领团队研发出了一套"支付宝用户可信习惯体系"。

通过这一智能体系，在用户没有任何明显感觉的情况下，通过简单的规则和累积的大量经验数据分析，支付宝在后台就能感知出交易安全与否。尽管听起来貌似不太靠谱，但是，实践证明，借助这一可信习惯体系，支付宝可以迅速判断出 80%~ 90% 甚至更高比例的交易行为是否为本人操作，短信校验码或者人工观测的比例因此大幅下降，遇有极特殊的交易行为，再用专门的模型和规则去检验，这就大大减轻了系统的压力。[1]

鉴于用户可信行为习惯体系高效、简捷、低成本的特质，2013 年，这一体系还获得了公司的"夺宝奇兵"大奖。而以此为基础发展起来的支付宝用户保障体系，也让"你敢付，我敢赔"的承诺真正落了地。

---

[1]由曦:《蚂蚁金服:科技金融独角兽的崛起》,北京:中信出版社,2017年,kindle版,第 3053-3054 页。

有"芝麻"，人生不含"糊"

伴随城市与科技迅猛发展而来的是，人与人之间的"陌生感"日益浓厚，却又时刻发生着"关系"。如何衡量一个人的信用，让"陌生的关系"产生信任，是彭蕾一直思考的重要问题。她认为：

> 今天的中国社会，信用体系对所有普通人意义重大，它是社会的基础设施，它可以让我们更加平等地去享受更美好的生活……它可以让我们每个人更有尊严，它可以让这个社会的坏人没有地方可去，让好人畅通无阻。[1]

从最初通过支付宝进行担保交易，到现在的芝麻信用，彭蕾带领蚂蚁金服在完善中国个人信用体系方面做了无数开拓性的探索。

---

[1] 彭蕾：蚂蚁金服仍是创业公司，创新是灵魂，2016-10-16，http://www.sohu.com/a/116286385_322476。

"因为信任，所以简单"。正是因为有了支付宝，一个简单的担保交易模式，解决了虚拟环境中人与人之间最基本的信用问题，让淘宝这一新兴事物得以迅速壮大，毕竟在当时通过网络直接与陌生人交易并不被大多数人接受。正如彭蕾所说，"如果没有信用体系，就没有今天的电子商务"。通过信任体系的建立，中国的网络消费在全世界达到了第一。无怪乎彭蕾自信地说道，"阿里巴巴、淘宝的实践证明，信任体系的建立对于今天电商的规模起到了非常关键的作用"。[1] 而芝麻信用的出现，使得中国公民首次拥有了个人信用评分。

当然，信用体系并非蚂蚁金服独创，早在20世纪90年代，央行就在全国逐步建立起了全国统一的企业和个人征信系统，只是这一系统关于个人信用的数据主要是现金流水、贷款等数据，20多年过去了依然如此。对于那些没有贷款记录的人，征信中心上就没有数据了，这是短板，因为这对于那些首次涉足信贷的人来说，根本无法提供信用证明。但是，对于蚂蚁金服来说，却是机遇。尤其是随着大数据、云计算等高新技术的发展应用，使得原本只是放贷机构之间信息报送和共享的征信系统有了更多的发展空间，尤其是在完善个人信用评估方面。

彭蕾一直十分关注信用体系的建立和发展。从2012年开始，蚂蚁金服开始研究征信业务。2013年，国务院发布《征信业管理条例》，为中国征信行业的发展提供法律依据。2014年，彭蕾和团队着手筹建芝麻信用。

---

[1] 蚂蚁金服彭蕾：支付宝实际上是"信任宝"科技让信用体系增强，2017-7-18，https://tech.qq.com/a/20170718/045047.htm

之所以取名"芝麻",是因为芝麻虽小,但营养丰富,多吃对身体好。以"芝麻"命名,是希望传达"信用是点滴珍贵,重在积累"的理念。更重要的是,希望通过芝麻信用"引导全民信用意识的提升,助力社会诚信体系的建设"。[1]这与蚂蚁金服的价值观一脉相承,并成功吸引到了时任招商银行零售网络银行部总经理的胡滔。

2015年1月4日,胡滔正式加入蚂蚁金服,出任芝麻信用管理有限公司总经理。巧的是,第二天,央行发布《关于做好个人征信业务准备工作的通知》,要求芝麻信用、腾讯征信等八家机构做好个人征信业务准备工作,准备期6个月。1月8日,芝麻信用便在浙江登记成立。同月28日,芝麻信用率先在国内开始公测,推出中国首个个人信用评分——芝麻分。即便此次公测只是针对少部分用户,却引起了不小的轰动,很多用户纷纷在朋友圈"晒分"。

彭蕾对芝麻信用寄予极大期待,并给了其充足的发展空间。她希望通过信用体系的创建和累积,可以回到路不拾遗、夜不闭户的美好时代。[2]

胡滔曾回忆道,在芝麻信用刚成立的时候,公司就对她说:"对芝麻,我们没有盈利的期待,就是希望你能把信用城市这个事情做成,能让中国老百姓有'信'可'用',也就是说,让大家能

---

[1]廉薇、边慧、苏向辉:《蚂蚁金服:从支付宝到新金融生态圈》,北京:人民大学出版社,2017年,kindle版,第2390页。

[2]蚂蚁金服彭蕾:支付宝实际上是"信任宝"科技让信用体系增强,2017-7-18,https://tech.qq.com/a/20170718/045047.htm。

积累自己的信用，且能因为信用好，而享受更好的城市生活。"[1]

有了公司这样的承诺，胡滔顿时信心十足，觉得自己完全是轻装上阵，没有太大压力。然而，事情并非想象中那么简单。首先就是信用的应用范围如何界定。因为无例可循，芝麻团队对信用的范围理解的十分宽泛。最开始，有人甚至提出，如果用户在淘宝购物时总不去主动确认收货，是否会影响"芝麻分"？后来这一提议被否了，因为按照淘宝的规则，即便自己不主动确认收货，系统最终也会自动默认收货并划账，所以，这一条没有纳入信用标准。

对于"芝麻分"的实际应用场景，胡滔团队也是几经波折，像现在的免押金租车、免押金住酒店、凭"芝麻分"申请急速贷款等，都是芝麻信用的团队一点一滴消除人们对"信用"的无解和轻视而争取过来的。

例如，芝麻信用成立之初，团队计划和城市的公共自行车合作，让用户可以直接扫过二维码把车骑走，而非传统的办一张卡、存 200 元押金才能骑车。就是这样一个很小的应用场景，芝麻信用耗费了近一年的时间，跑遍了所有的城市公共自行车的供应商，结果，没有一家供应商愿意合作。大家最多的疑问就是，没有押金，要是有人骑车不还，怎么办，这个损失谁来承担呢？[2]

类似的疑问几乎伴随了芝麻信用成长的全过程。之所以会有这种疑问，是因为"信用"还是一个很新同时很虚的事物，它是

[1] 芝麻信用总经理 2 年回顾：没有一条路会白走，2017-7-18，https://baijiahao.baidu.com/s?id=1573252463010137&wfr=spider&for=pc。

[2] 芝麻信用总经理 2 年回顾：没有一条路会白走，2017-7-18，https://baijiahao.baidu.com/s?id=1573252463010137&wfr=spider&for=pc

什么，究竟有什么作用？不光是普通百姓无法理解，政府机构、商业团体等乃至芝麻团队成员，对"信用"都处于一知半解的状态。

通过这类小事，彭蕾看到了"信用体系"建设的任重道远，更看到了芝麻信用团队的广阔发展空间。她认为：

> 信用体系建设的最大的挑战其实在于这两点，就是怎么让信用可以真正的可信，以及让它有用，而不是停留在概念和理想层面。我们注意到以前都说让诚信的人如何如何，或者信用诚可贵，这种价值感都是在说，如果没有办法让普通人、让每个创业者在每天每时每刻感受到的话，说得再好，理论框架再完善也是没有用的。而它的可信度又关系到信用体系的可持续发展。[1]

正如共享单车从全面排斥免押金到如今的免押金成为标配，这一转变的背后就是彭蕾等人对"信用体系"的精准定位和全力建设。仅仅两年多的时间，芝麻信用的范围就从借贷、购物等扩大到公共交通、医疗服务、政务办理、社会治理等关乎民生的重要领域。

更重要的是，芝麻信用的出现，让老百姓在证明自己"可信"这件事情上，不再需要提交押金、繁琐的证明材料及预付费，通过芝麻信用这一平台，人们只需要提供芝麻信用记录，简单、方便，这可是一般的会员积分干不了的事情。

---

[1] 蚂蚁金服彭蕾：支付宝实际上是"信任宝"科技让信用体系增强，2017-7-18，https://tech.qq.com/a/20170718/045047.htm。

信用体系的完善是建立在大量的数据分析与研究基础上的。这在一定程度上增加了用户隐私泄露的风险。对此,芝麻信用一直坚持一切以为用户创造价值为出发点,对用户隐私心怀尊重与敬畏,不断提升技术水平,为隐私保护保驾护航,并于 2017 年设置了首席隐私官,致力于在产品中更好地引入个人信息保护部署,并不断提高员工隐私意识和培训教育,这在国内尚属首家,芝麻信用的隐私保护力度可见一斑。正如彭蕾所说:

> 隐私保护将成为信用体系的基石……没有过硬的隐私保护,就不可能有用户的信任,也不可能有机构信任,也就没有办法建立起健康的信用体系。[1]

总之,在芝麻信用飞速发展的过程中,一些看似遥不可及的小目标正因为芝麻信用的努力而变得可能。截至 2016 年初,芝麻信用在信用租车行业累计为用户省下的押金数额高达 10 亿元;截至 2016 年 7 月,芝麻信用帮助了一千多万用户通过网络渠道获得了银行、消费金融等机构的授信,总额超过 280 亿元,且这些信贷的总体违约率不到 1%。[2]诸如此类,举不胜举。因为芝麻信用,这些小而美的变化一步一步成为现实,城市的生态也将因此更加丰富,更加富足,更加富有。

---

[1] 蚂蚁金服彭蕾:支付宝实际上是"信任宝" 科技让信用体系增强,2017-7-18,https://tech.qq.com/a/20170718/045047.htm。

[2] 由曦:《蚂蚁金服:科技金融独角兽的崛起》,北京:中信出版社,2017 年,kindle 版,第 3446—3455 页。

让信用等于财富

早在 2013 年，马云就对信用体系寄予厚望，他说，"我们在阿里小微金融服务这块也做了很多工作，我们想做的不是金融，是信用体系"[1]，他还特意指出，中国缺的不是金融，缺的是一套消费者的信用体系。

如今，芝麻信用的创立，让马云的话成为了现实。只是用户看到的"芝麻分"还是带有浓厚的金融属性，更多反映的是个人信贷能力，和彭蕾期望的"让信用等于财富"还是有一定的距离。在彭蕾的规划中，她更希望芝麻信用可以应用到各个方面，她说，"今天你是一个支付宝用户，你有这么多的交易记录，你就可以被认定是一个有信用的人，凭着这个信用可以做很多你想做的事

---

[1] 你的信用值多少钱信用价值，2017-9-14，http://www.sohu.com/a/191942575_99925051。

情，而且是在传统渠道下面你没有办法去完成的事情"。^[1]

换言之，芝麻信用如果能在日常生活场景中广泛应用，那么大家对"信用"的认知必然会比现在要深得多。当"信用"无处不在时，大家的信用意识势必会提高很多。那么，如何在生活中体现"信用"的财富价值呢？胡滔等人率先瞄上了"押金"。

"押金"大家都不陌生，它作为一种传统商业模式，应用十分广泛。相关服务企业通过收取"押金"来制约客户、控制风险，还能用来进行理财、短期经营等。所以，即便客户信用很好，很多企业还是照收不误。而对于客户来说，如果能通过某个平台或某种方式免去"押金"，那么他们会更愿意尝试相关服务或产品。这本是一个可以双赢的项目。

然而，理想很丰满，现实却很残酷。芝麻信用既想找到合作伙伴，但是又不愿意承担免押金带来的风险，所以最初它几乎找不到合作方。第一个愿意"吃螃蟹"的是神州租车。2015 年 1 月 30 日，神州租车和芝麻信用正式推出免预授权的租车服务，"芝麻分" 600 以上的用户，无需缴纳押金或刷预授权，就可以在神州租车的全国直营门店内预定原押金 5000 元及以下的短租车，整个办理流程仅需三分钟。

遗憾的是，不到两个月的时间里，免押金租车的坏账率比不免押金的要高很多，即便后来将芝麻分提高到 650 分以上，问题依然存在。如果这个问题不能妥善解决，那么"免押金"模式将难以为继。

---

[1] 支付宝 CEO：希望支付宝有机会让信用变成财富，2012-10-22，https://tech.qq.com/a/20121022/000107.htm。

就在芝麻信用与神州租车的项目陷入僵局之际，它与最高法成功达成了合作。最高法将"老赖"名单共享给芝麻信用，由芝麻信用通过支付宝向这些"老赖"推送消息，督促其履行法律义务，且他们的"芝麻分"会被扣，很多消费行为也被限制。

看似简单的处置措施，效果却出人意料的好，短短两个月的时间里，有15000多个"老赖"还钱了。[1] 如此高的还款率也让最高法感到惊讶，毕竟他们此前也是采取了各种限制措施，却收效甚微。对此，彭蕾也十分感慨："很多的'老赖'会主动还钱。而在很久以前是找也找不到他的，但是现在他在网上，一旦被披露，在网上很多服务都不能享受到的时候，而且在生活当中可能很难找到他，但是在网上可以有很多方法找到他的时候，他会更紧张自己的信用，他会有一个主动还钱的动作。"[2]

受此启发，芝麻信用和神州租车启动"租车黑名单"共享机制，不仅把客户没有履约的行为通知本人，还将此类违约记录共享给了银行。这样一来，违约的租车客户明显减少。此后，芝麻信用不断改进信用评估机制，使得神州租车的坏账率一直保持着很低的水平，由此吸引了一嗨租车等行业领军企业。

在租车行业的成功激励着胡滔等人将"免押金"模式进行到底。无论是飞猪旅行的酒店预订还是租房，亦或是共享单车，芝麻信用通过"免押金"的方式，对整个行业的发展产生了颠覆性作用，重构了人与人之间的信任。通过芝麻信用的实践，让大家

---

[1] 廉薇、边慧、苏向辉、曹鹏程：《蚂蚁金服：从支付宝到新金融生态圈》，北京：中国人民大学出版社，2017 年，kindle 版，第 2586 页。

[2] 蚂蚁金服彭蕾：支付宝实际上是"信任宝"科技让信用体系增强，2017-7-18，https://tech.qq.com/a/20170718/045047.htm。

知道了原来软性的信用约束可以比硬性的押金约束更有效、更有人情味儿。一时间，"文明守信"成为风尚，它潜移默化地影响着人们的生活，为智慧城市全新治理模式的创建开辟了一条新路径。对于芝麻信用在生活中的应用，彭蕾很有自信，她说："

> 我们希望每个人都可以，都有权利安心地享受可信有用的信用服务。这也是数据时代每个城市发展过程当中的最大的红利。[1]

先期试水成功，芝麻信用还将触角延伸到了虚拟社交领域。例如，它和领英、赤兔等职场社交网站，以及百合网、世纪佳缘等婚恋网站合作，通过芝麻诚信认证服务的嵌入，让大家对彼此有一个初步的互信认知。尤其是在网上找对象，大家都会抱着质疑的眼光去看人，而有了芝麻分的展示，让大家对你的整体状态有了更为真实的认识。显然，信用分高的单身男女，无疑能获得更多的异性好感，而信用分低的单身用户，则可能因为自己糟糕的信用状况而找不到对象。 定程度上甚至可以预防骗婚等不良行为的出现。当然，仅凭"芝麻分"是不可能全面展现一个人的诚信度的，因为目前的"芝麻分"主要衡量的是经济行为上的信用，还有待其他方面数据的引入。但是，这一点儿小遗憾并不妨碍芝麻信用对生活的深度影响。

雨伞、充电宝、婴儿车、拐杖、玩具、净化器、无人机、手机、

---

[1] 蚂蚁金服彭蕾：支付宝实际上是"信任宝"科技让信用体系增强，2017-7-18，https://tech.qq.com/a/20170718/045047.htm。

图书、衣服等，你能想到的可以借用的服务或产品，芝麻信用都可以介入发挥作用。"凡是跟信用有关的，要交押金、预授权的领域，我们都要去谈。"胡滔说，"10 年后，所有城市都将成为信用城市。"[1]

未来，芝麻信用将促使普通大众的生活方式发生深刻变革，"先享后付"将成为标配。人们可能会先乘车，下车后，再自动扣费；公共事务也将可以先办事后补资料。这样既能大大提高工作生活效率，又能提升信用意识，积累更多信用数据，进而促进芝麻信用可信度的提升。有了如此美好的未来图景规划，芝麻信用的发展不可限量。而现在，芝麻信用已初露锋芒，蓄势待发，正如彭蕾所说：

芝麻信用在过去两年当中，其实也只是完成了一个初级的意识唤醒和市场教育的。随着未来技术的进步，我们要探索的空间，面临的挑战以及难度会进一步增加。不仅仅是在金融领域，在社会生活的方方面面，它需要很多不同类目的专家学者以及政府各级领导部门共同共建整个信用社会。[2]

---

[1] 廉薇、边慧、苏向辉、曹鹏程编著，《蚂蚁金服：从支付宝到新金融生态圈》，北京：中国人民大学出版社，2017 年，kindle 版，第 2654-2655 页。

[2] 蚂蚁金服彭蕾：支付宝实际上是"信任宝"科技让信用体系增强，2017-7-18，https://tech.qq.com/a/20170718/045047.htm。

创业者在至暗时刻的孤独感只能自己去面对

古语云，高处不胜寒。你所在的位置越高，你所感受到的孤独越多，或许是曲高和寡，或许是有所忌惮，周围的人往往会对那个位高权重者敬而远之。对此，彭蕾认为：

做 CEO 是一种反人性的、孤独的状态。[1]

在工作中，CEO 要做到"雌雄合体"，在决定业务方向的同时，也要考虑到如何搭建与公司战略、价值合拍班子的问题。当彭蕾把"提升用户体验"作为支付宝新目标，提出"支付宝要好用，支付率要提升，而且要安全，同时还要扩大用户基数"这类反人性的要求时，她知道自己是在不断挑战自己和团队的底线，同时

---

[1] 彭蕾：CEO 如何对抗孤独感？ 2019-1-31，https://mp.weixin.qq.com/s/O_OiXxMe9CraV-9bgNgR-Q。

作为其他人眼中的"外行领导"，她受到的质疑与压力与日俱增。此时，萦绕于心的孤独感是十分强烈的。

面对质疑与压力，彭蕾没有退缩，而是迎难而上。为了配合战略目标的调整，彭蕾开始了大刀阔斧的人事调整，大概一半的老员工被要求转岗或离职，其中不乏老同事、老同学。做出这种决定，彭蕾也十分痛苦，但是，她更懂得，一旦战略目标确定了，人事调整必然要启动。正如马云所说，企业家如果觉得自己的战略要调整，就要看三件事：人调整了没有，组织调整了没有，KPI 调整了没有。[1]

所以，即便内心觉得痛苦，也要有"快刀斩乱麻"的魄力，带着感念让已经不适合支付宝的人的离开。彭蕾认为：

> 一定勉强留下他对他来说也不是一种好事，对其他有能力的同事更不公平。不合适了，彼此放对方一条生路。[2]

每送走一个人，彭蕾都会和他们喝一次大酒，情到深处大家就会抱头痛哭。同时，还要竭尽全力完成业务的转型。针对支付成功率的提升，支付宝团队给出的解决方案是"快捷支付"，需要绑定用户银行卡，需要验证用户身份以降低盗刷率，彭蕾、袁雷鸣等人不得不挨个银行去谈，技术团队不分昼夜地解决支付安全问题，为的是让支付宝早日走出发展困境。

---

[1] 马云：中国还有三个机会，企业战略调整要看这三件事，2019-1-4，https://baijiahao.baidu.com/s?id=1621684705958168411&wfr=spider&for=pc。

[2] 彭蕾：CEO 如何对抗孤独感？2019-1-31，https://mp.weixin.qq.com/s/O_OiXxMe9CraV-9bgNgR-Q。

作为总指挥，彭蕾明白自己是不能倒下去的，因为她的身后没有人可以为其遮挡风雨，同时她的身后又有太多人，依靠她来撑起一片天空。彭蕾认为：

> CEO 的一举一动都要对员工、股东、客户、市场甚至家人负责，最后却发现对自己负不了责。面对不确定感，可能连一个倾吐的对象也没有。[1]

如何排解至暗时刻的孤独感？彭蕾也有自己的独特方式。要与孤独感相处。就要"发现"不一样的自己，她认为，作为CEO，一定要明确：

> 我究竟要做一件什么事情？我为什么要做这件事情？对自己和周围的人们到底有什么意义和价值？[2]

当你对这三个问题有了明确的答案后，再从心态和行动上调整自己，即便无人倾诉，也能让自己平和地与孤独相处。

首先要学会放飞自我，敢于展现最真实的自己。战场上能活下的一般不是枪法最好的人，而是那些敢于冲出去的人。关键时刻，CEO 决不能瞻前顾后，犹豫不决，既想做大事又想做好人的CEO，只会让自己陷入僵局之中。所以，彭蕾建议，一旦目标确定下来，不要被其他因素羁绊，而是勇往直前，心无旁骛地向着

---

[1] 彭蕾：CEO 如何对抗孤独感？2019-1-31，https://mp.weixin.qq.com/s/O_OiXxMe9CraV-9bgNgR-Q。

[2] 彭蕾：CEO 如何对抗孤独感？2019-1-31，https://mp.weixin.qq.com/s/O_OiXxMe9CraV-9bgNgR-Q。

胜利冲锋。

当然，人不可能一直处于紧绷的工作状态，偶尔的"疯狂"，尝试曾经不敢尝试的东西，也是调剂心态的好方式。譬如，一贯高冷、严肃的你，偶尔在团队面前失态一次、偶尔拍着桌子痛快地骂出来，亦或者是带着团队出去蹦迪、看电影，甚至是给自己纹个身，都是疏解压力的有效途径。

其次，永葆乐观心态，相信未来必然是美好的。无论是选人用人还是对待工作，乐观都是彭蕾一直强调的重点。她本人就是一个乐观主义者，她说自己很喜欢《飘》的最后一句话：Tomorrow is another day（明天又是新的一天）。在工作中，彭蕾认为：

> 不要只盯着眼前的一地鸡毛，要相信今天自己为公司、组织和团队定的方向是正确的。哪怕最困难时也要告诉自己，明天这时候就好了，下周这时候就好了，下个月这时候一定会好。[1]

尤其是对创业者来说，乐观积极的心态尤为重要，坚定相信自己的决定和判断，是支撑你走下去并取得成功的关键。即使面对创业的至暗时刻，也要记得今天很残酷，明天更残酷，后天很美好，不要让自己变成那死在明天晚上的"绝大多数"中的一员。

第三，培养并发展自己的爱好和趣味。创业者们往往会在忙碌中迷失了自我，像陀螺一样只知道围着工作转。这种无休的紧

---

[1] 彭蕾：CEO 如何对抗孤独感？ 2019-1-31，https://mp.weixin.qq.com/s/O_OiXxMe9CraV-9bgNgR-Q。

张状态，一旦碰上突发状况，往往会加速创业者的崩溃。彭蕾认为，这种苦逼的创业方式会让你忘了欣赏生活中的美好。所以，她建议，无论多忙，创业者们也应该有那种可以完全卸掉肩上担子的爱好。在这方面，马云很值得学习，他对武侠和太极爱到了极致，阿里巴巴的花名文化源自他对金庸武侠小说的狂热爱好，他会一边打着太极一边和员工开会，每年年会上都以夸张造型亮相，无形中拉近了自己与员工的距离。

能做到这些，可以让你与"孤独"和平共处，但并不会消除孤独。用彭蕾的话说，就是：

> CEO 注定是孤独的，公司越大，孤独感越重，很难跟下属成为无话不谈的朋友，CEO 在跟团队交往时，亲切感和距离感的分寸都需要拿捏。[1]

更重要的是，作为 CEO，要随时做好调整团队的准备，以确保团队成员能跟得上自己的战略走向，且核心班子的搭建一定是让自己感到舒服，整个团队的"气"是向上、顺畅的。这一过程可能很痛苦，你可能会遭到众人的质疑，甚至怀疑自己的品性。此时，你更应该搞清楚自己要守住的底线是什么，是否已经强大到可以跨越阻拦自己的障碍，要有"众人皆醉我独醒"的心态，反复告诉自己，这是当下自己能做的最好的决定。

这种时刻，没有任何人能帮你，唯有自己咬紧牙关，在黑暗

---

[1] 彭蕾：CEO 如何对抗孤独感？2019-1-31，https://mp.weixin.qq.com/s/O_OiXxMe9CraV-9bgNgR-Q。

中坚持寻觅灿烂的黎明。二十年后，当你再次忆起此刻，你可以了无遗憾，坦然面对是非功败，因为在当时的情境下，你已经尽了最大的努力。

第十章

初心不忘，方得始终

　　延续阿里巴巴的传统，蚂蚁金服同样重视组织文化建设。对内，彭蕾提出建立"心脑体水乳交融"的组织体系，创设有灵魂的组织，提升员工对公司的认同感，助力业务大发展；对外，建立生生不息的利他主义文化，坚守初心，为小微用户实现梦想提供服务。正是有了这样的内外兼修的组织文化做保障，蚂蚁金服才在业务上捷报频传，在激烈的市场竞争中傲视群雄。

业务大发展时，HR 要"兜底"

当你应聘到一家单位，却发现公司的老板就是从你的岗位做起，且做到了极致的人，你会作何感想？尤其你曾引以为傲的方法论却遭遇水土不服的尴尬境地，你又有何感受？

曾松柏在入职支付宝时，就碰到了这个问题。他可谓是带着光环而来的管理人才，早年和彭蕾一样做过大学老师，后来先后做过英美烟草公司、百威英国啤酒公司、麦当劳中国区的资深 HR 总监，在外企 HR 界享有盛名。

一颗不安于现状的心让他转向了炙手可热的互联网行业，并选择了正蓬勃发展的支付宝。他希望利用自己在外企总结出的"先进经验"拯救支付宝，促使其爆发更大的能量。入职之前，他还特意买了几本关于马云的书，了解到了阿里巴巴集团对企业文化、价值观的异常重视，这是他非常乐意看到的。

然而，从 2012 年 2 月入职到 10 月，半年多过去了，曾松柏不但没有成功将"外企经验"引入支付宝，反而连他自己都迷茫了。他跑到彭蕾办公室，向彭蕾说出自己的困惑，"我做了18年的外企HR，而这一刻我不知道怎么做HR了"。[1]

"你是集团的CPO，又是支付宝CEO，还那么懂HR，在你手下，是不是大树底下不长草呢？"[2]曾松柏索性将自己的想法全部说了出来。对于曾松柏的实力，彭蕾是十分清楚的，现在之所以会迷茫困惑，只是因为他没有跳出自己原有的框架，过往的资历反而成了他快速转型的阻碍。但是，解铃还须系铃人，这个事情还是要靠他自己想通。所以，对于曾松柏的困惑，彭蕾并没有给予正面的回应，而是说了公司的另外一些事情。

彭蕾的沉默，却被曾松柏误读为失望。不过，曾松柏并没有破罐子破摔，而是调整好心态，决心干出一番成绩来。

随着在支付宝工作的深入，曾松柏逐渐摸索出了适用于支付宝的HR管理方法，即与业务深度结合，离开业务谈组织文化建设，只会走向极端或是束之高阁，不被员工接受。

2013年初，支付宝升级改组为小微金服，公司被拆分成三大部分：一是共享平台事业群；二是阿里金融事业群；三是支付宝国内事业群，而曾松柏这次被安排到了共享平台事业群，担任该部门的人力资源专员。这种公司整体的重组扩张，必然导致人员结构的调整、梳理和重构，对人员的组织建设更为必要。

此时，公司业务线还不是特别清楚，彭蕾等高层把时间和精

[1]由曦：《蚂蚁金服：科技金融独角兽的崛起》，北京：中信出版社，2017年，kindle版，第2628—2629页。

[2]由曦：《蚂蚁金服：科技金融独角兽的崛起》，北京：中信出版社，2017年，kindle版，第2653—2654页。

力都放在了业务上。彭蕾叮嘱曾松柏，HR 现在要做的就是"兜底"。

由此看来，彭蕾当时对人力部门并没有太大期待，工作不出错就可以了。这话要是放在半年前说，曾松柏可能会欣然接受。但现在曾松柏有了很多好的想法，他需要去验证。

于是，当小微金服推进"ALL IN"无线战略时，曾松柏便想到了"将士出征"仪式，想到了"小胜即庆"方式，在闭关室里挂上了极富煽动性标语，处处营造激情燃烧、热血奋进的工作气氛。

当然，仅靠口号是无法坚持下去的。曾松柏还搞了一个"Open平台"分享，每个月邀请一位公司高管和员工们面对面交流沟通，高管会分享公司的战略规划、外部发展形势等，让员工们对所在岗位和定位有了更深层次的认识。尽管这种分享会持续 1 个半小时，员工参加与否没有强制性规定，却从来都是座无虚席，听到最后，很多员工甚至是意犹未尽的状态。

为了更深入了解员工的真实状态，曾松柏还学会了"走楼"，这一招彭蕾也在用。按常理来说，彭蕾早已是小微金服的 CEO，像"走楼"这种小事她本不需要做。只是多年的 HR 职业经历，让彭蕾习惯了凡事都从人的需求出发。她发现"走楼"是了解人家的真实状态和真正需求的绝佳方式。

一次，彭蕾走到了 18 层去了解情况，一进去，她敏锐地感觉到这一层的技术团队士气有些低落。她找到曾松柏，问他有没有注意到 18 层的情况，导致那一层员工情绪不高的原因是什么？面对领导的问询，曾松柏应对自如，因为他也发现了同样的问题，还和那一层的人力专员做过沟通，了解到气氛压抑的主因就是当时的部门奖励机制没做好，直接影响了工作氛围和效率。曾松柏不仅说出了原因，还提出了解决方案。试问，这样贴心的员工谁不喜欢？

曾松柏的"走楼"十分接地气，他每个星期都会到各个楼层去转转，和正在加班的员工聊聊天谈谈心，及时了解员工的心态变化。员工有需求他也会调动一些资源给予支持。同时，曾松柏也会要求手下的 HR 们也去"走楼"，深入一线感知员工们的真实状态。

更让彭蕾赞赏的是，这一年小微金服的工作任务是相当重的，无论是余额宝还是"ALL IN"战略，都是需要员工长期作战的大项目，需要员工长期保持一个好的战斗状态，这需要 HR 部门做好员工的心理建设工作。而曾松柏细致入微的工作让员工们的士气一直保持到了年底，成功推出余额宝，迅速转战移动端，重新占据支付市场高地。

曾松柏是一个乐于并善于总结经验，形成系统性经验并应用于实践的人。在蚂蚁金服工作的这几年，他认为，人工智能的出现，将人从重复、繁琐的工作中解放了出来，很多需要精细化的专业工作都将被机器替代，解放的是人的"心力"，"这时最重要的东西不再是专业化，而是用思想去控制专业，在某种程度上，组织的使命是让人的思想和创意通过人工智能来落地"。[1]

受此影响，蚂蚁金服的 HR 部门比传统企业承载的功能多了很多。HR 部门被分成了业务 HR、平台 HR 和共享中心 HR 三部分。业务 HR 主要负责招聘、薪酬等常规工作，平台 HR 则负责绩效、晋升、培训等工作，并从宏观层面去思考整个组织的未来发展方向，用何种机制去支撑这种发展，还要考虑哪些事务可以被人工智能替代；共享中心 HR 则是负责将研究出来的成果，落实到每个具体的人身上。有了如此完备的运作体系，HR 部门不仅可以"兜底"，还能为业务的发展创造出更多的附加值。

---

[1]由曦：《蚂蚁金服：科技金融独角兽的崛起》，北京：中信出版社，2017 年，kindle 版，第 2679—2680 页。

做一个有灵魂的组织

2014 年的一天，彭蕾将曾松柏叫到办公室，直接向曾松柏抛出了一道开放式的题目，要求他想办法让蚂蚁金服的员工实现"心脑体水乳交融"。至于具体涵盖哪些内容，彭蕾并没有多说什么，而是让曾松柏自己回去琢磨研究。

事实上，彭蕾在做阿里巴巴 CPO 的时候，就提出了"心脑体三力说"。在她看来：

> 心力……是一种温度、一种气度，有些时候甚至是一种烈度，老子就这么定了，就这么干了，碰到那种很纠结状况的时候，就是大气的那一下。[1]

[1]彭蕾：组织的心力、脑力、体力，2016-12-15，https://mp.weixin.qq.com/s/KRrxGbjwfDqcKvrHwA6f7g。

也就是说，职场中，我们要有坚定的信念，相信自己从事的事业，相信自己可以帮别人活得更好，坚定追求梦想的步伐，并感染、鼓舞周边的人。"三力"中，心力是最重要的。"脑力"即智商、聪明程度。彭蕾提出，要锻炼脑力，可以让自己每天都思考四个哲学问题："我的客户价值是什么""我是谁""我从哪里来""我要到哪去"。只有这样，脑力的源泉才不会枯竭。"体力"就是执行力，有了梦想，有了感染力，更要有实现梦想的行动。"三力"是组织的能量来源，三者缺一不可。

彭蕾对"组织"建设十分看重，在阿里巴巴集团如此，到了蚂蚁金服也是如此。在彭蕾卸任蚂蚁金服 CEO 之前，她和曾松柏讨论最多的话题就是"组织"。对于蚂蚁金服的"组织"建设，彭蕾的要求很高，她希望蚂蚁金服也能做到"心脑体水乳交融"。

在彭蕾手下工作很累，因为她的要求很高。然而，正是因为这份高要求以及她对人、对事的精准点评和观察，不经意间就有种醍醐灌顶的感觉，比起收获到的经验和知识，那点儿累基本不值得一提。

面对彭蕾提出的全新命题——"心脑体水乳交融"，曾松柏仔细思考之后，觉得和自己在实践中总结出的"三层组织论"不谋而合。他认为，组织的内涵可分为三层：最外层是组织架构，中间层是组织能力，最里层是组织文化。他觉得，HR 最重要的任务就是锻造出一个有灵魂的组织。[1]

曾松柏发现，他的"三层组织论"和彭蕾的"心脑体水乳交融"

[1] 由曦：《蚂蚁金服：科技金融独角兽的崛起》，北京：中信出版社，2017年，kindle版，第 2785—2792 页。

刚好可以对应上，即组织架构对应"体"，组织能力对应"脑"，组织文化对应"心"。三者也是缺一不可，因为组织的文化虽然是核心，但是如果没有可依附之"体"、没有实施之"脑"，文化只会成为一纸空文，不具备任何价值。只有将三者贯通，组织才能被激发出活力与朝气。

只是，"文化"一向是很虚的东西，如何将虚事做实？如何赋予组织文化以具体、独特的内涵？曾松柏一时之间还没找到最好的答案。这时，他想起了彭蕾对战略和文化的理解，彭蕾曾强调说，

战略就是客户价值，文化就是言行举止。[1]

从这个角度出发，曾松柏想到的创设组织文化的最好方法就是先观察员工们的言行举止，找到共性和个性，才能真正打造出蚂蚁金服的组织文化。

彭蕾曾经在采访中提到，很多人觉得阿里的员工都被"洗脑"了，连加班都甘之如饴。如今，在蚂蚁金服同样如此，很多和蚂蚁金服员工接触过的人也都有一种"他们被洗脑"了的感觉。这种所谓"洗脑"的背后，实际上是大家对公司的愿景、使命和价值观的认同，而且一经认同之后，它对员工行为所产生的影响是深远的、触及心灵的。这也是很多企业羡慕及疯狂学习阿里巴巴组织文化的原因。

在曾松柏看来，要达到彭蕾提出的"心脑体水乳交融"，打造有灵魂的组织，首先要确定"心"——组织文化，这也是区分

---

[1] 彭蕾：组织的心力、脑力、体力，2016-12-15，https://mp.weixin.qq.com/s/KRrxGbjwfDqcKvrHwA6f7g。

一个好的企业与一个优秀企业的主要标准。好的企业更关注组织获得的业绩成果，而优秀的企业更为注重在做业务过程中，要打造有活性的组织。他说："如果组织锻造成功，企业就有可能持续 100 年；如果这个事情没做好，一些企业虽然也能在特定时间内获得发展，但往往后劲不足。"[1]

结合蚂蚁金服实际和彭蕾的要求，曾松柏给 HR 定的目标是，紧贴业务场景和时机，在不同阶段、不同场景中，采用不同的组织管理模式，推进组织文化建设。具体而言，主要从两大群体着手，一是新员工；二是老员工。

首先，新员工的加入，一定程度上会稀释原有的组织文化，但是他们又是组织的新鲜血液，是必须的。所以蚂蚁的 HR 团队必须想办法让他们认可公司的使命和价值观，尽快融入进来。在入职的前三个月里，HR 会给他们培训公司的基本规则制度，然后再用三个月的时间，进行更深层次的培训，尤其是价值观的培训。

而针对高级别（P8 以上）的新人，则开办了"降落伞"班，除了常规培训，还增加了新员工交心环节，大家通过分享问题或困惑、感想，增进感情，融入文化。同时，每隔三个月，HR 部门还会安排老员工甚至高管，对高级别的新人进行分享答疑，或是聊天吃饭。之所以会多出这么多内容，是因为这个群体本身已有一定的阅历和经验，不会像应届生那样迅速接受新组织文化。

对总监级别以上的新人，HR 做的更加精细，他们采取"人

[1]由曦：《蚂蚁金服：科技金融独角兽的崛起》，北京：中信出版社，2017 年，kindle 版第 2815—2816 页。

盯人"模式，定期跟 P11 以上的员工谈心交流。

以上培训是入职的标配，除此之外，HR 会根据新员工的入职时间，组建不同的"钉钉群"，群里的人自发组织各种非正式聚会，很快消除了新入职后的陌生感和不适感，在部门之外找到了一种新归属感，这对新人融入公司、认同公司价值观也有很大帮助。

针对老员工，HR 采取的动作是复盘，一群人聚在一起，针对近期的业务问题进行批评与自我批评，这种复盘会，不是单纯地谈业务，而是谈心。因为业务出问题的根源肯定在"心"，是"心"出了问题。所以，很多时候，复盘会议要开到夜里一两点。参加复盘的人，压力都很大，几乎相当于将自己的"心"掏出来"自残"加"他伤"。

不光是老员工要复盘，蚂蚁的核心高管每年也要进行"复盘"，由彭蕾亲自组织，也是"群 Re"的形式。彭蕾每年会抽出半天的时间，和她分管的十位下属做"群 Re"，先是每个人讲自己的工作和问题，然后其他人轮流对其进行点评。听完其他人的意见之后，被评者会再次做出总结，最后由彭蕾告诉这位高管他该怎么做，这和我们党的民主生活会有异曲同工之妙。很多时候彭蕾会当场公布每一位高管的绩效分数。这也是彭蕾的一贯风格，该是怎样就是怎样，当面都说出来，不在背后搞小动作。

不论是在阿里还是蚂蚁，这种方式既便捷又有效，组织的架构、能力和文化在员工们的反复交流中逐渐深入人心，成为他们行为准则的一把标尺，久而久之，由此确立下来的文化会更加牢固。

先助人方能助己

一家金融公司最注重的是什么？一家互联网公司最注重的是什么？两者结合的公司最注重的又是什么？答案或许是仁者见仁智者见智，但是蚂蚁金服的经历却告诉我们一家成功的互联网金融公司最关注的不是取得了多大的业绩，而是帮助了多少人，成就了多少梦想。基于此，蚂蚁金服一直致力于打造利他文化。正如彭蕾所说：

> 我觉得正是因为蚂蚁、正是因为支付宝的存在，让那么多的基层金融工作者看到未来的希望，让那么多需要帮助的人看到希望，这是一件了不起的事情。

我们一定要建立起生生不息的蚂蚁文化，我们一定要建立起生生不息的利他文化。[1]

从支付宝成立之日起，就一直在坚持利他性，把用户价值的提升放在第一位，尤其是彭蕾履职之后，这种利他性展现更为明显。她一再向员工强调，要坚守初心，要发展普惠金融，关注被传统金融所忽视的普通大众和小微企业。

或许，很多人认为这是所有企业都在喊的口号，大家都在进行"以用户为中心"的商业转型，蚂蚁金服的主张并无明显优势。对此，井贤栋这样反问道："大家都知道用户重要，但如何做到被用户需要？要回答这个问题，就要知道我们从哪里出发。"[2]

众所周知，支付宝是因淘宝而来，是为解决线上交易的信任问题，这就决定了支付宝以及后来的蚂蚁金服的基因，是为服务大众而生。正是支付宝的出现，才造就了电商交易的火爆，而支付宝能始终以领军者的姿态走过这十余年，不仅仅是因为它有先发优势，更是因为它有满足用户各类需求的实力。

从电商担保支付到生活助手，从快捷支付到余额宝、招财宝，从零资损到全面的用户保障体系，从线上支付到无现金社会，从小贷到网商银行，从芝麻分到信用城市……十几年来，蚂蚁金服以"无中生有"的创新精神，打通了支付、理财、融资三大领域，全面覆盖了需要金融服务的各类生活场景，并成功生成了基于大数据的信用体系，实现"信用即财富"的伟大理想实现金融生态化布局。蚂蚁金服走的每一步，都践行着"提升用户价值"的初

[1]彭蕾：蚂蚁金服仍是创业公司 创新是灵魂，2016-10-16，http://www.sohu.com/a/116286385_322476。

[2]蚂蚁金服：利他主义进化论，2016-2-19，http://iof.hexun.com/2016-02-19/182336869.html。

心与使命。

关于蚂蚁金服的定位，彭蕾也一直在强调的是"服务"二字。那么，作为一个服务系统，蚂蚁金服真正为用户带来的到底是什么？那就是彭蕾时常提到的"小确幸"。"小微客户需要的是稳稳的幸福，而不是一夜暴富。这是我们秉持的信仰，也希望把正确的财富观念传达给大众。"[1]

彭蕾、井贤栋等蚂蚁金服全体员工有一个共识，那就是每一个小微客户都不应该是数字时代的旁观者，而应该是参与者和共建者。[2] 如何让小微客户也享受科技发展的红利，让每个人都真正因为科技而有获得感？这是蚂蚁金服十分关注的问题，于是支付宝收钱码诞生了。通过这一款码，小微企业与互联网、信息科技实现了无缝连接，他们不仅可以更好地收付款，实现资金管理的科学化，还能通过数据化平台优化经营管理。这在以前是不敢想象的。

一直以来，小微企业融资难是制约小微企业发展的主要瓶颈。2015年蚂蚁金服和其他机构联合发起成立的浙江网商银行，以"无微不至"的服务态度，专注解决小微企业融资难问题。

其中，浙江网商银行推出的"小微贷款310"，借助人工智能技术，能让小微企业在3分钟内完成申请，1秒钟贷款，全程没有人工干预，所以被称为"310"。据统计，浙江网商银行成立的四年时间里，已经向近1600万家小微企业提供了2万亿元

---

[1] 蚂蚁金服：利他主义进化论，2016-2-19，http://iof.hexun.com/2016-02-19/182336869.html。

[2] 蚂蚁金服CEO井贤栋：企业要存在敬畏之心，2018-12-8，http://www.ebrun.com/20181208/311222.shtml。

人民币（约合 2900 亿美元）的贷款，更重要的是，基于其先进的风险控制能力，这些贷款的不良率被控制在 1% 左右。[1]任何一家小微企业，只要通过了网商银行的审核，就能持续不断地获得贷款，满足短期资金流转需求。这意味着只要小微用户需要用钱，他们随时都能借到钱。

蚂蚁金服还推出了一款很人性化的服务：212 保险理赔服务。随着电商的火爆，网上不断爆出淘宝卖家过劳猝死的新闻。这一群体经常要熬夜，甚至通宵经营，但是他们的身体状况却很少被关心。蚂蚁金服顺势推出了 212 保险理赔服务。所谓"212"即 2 分钟申请，1 秒钟系统自动审核，2 小时钱自动到账。以最迅速、便捷的方式为这些辛苦创业的人们送上一份金融保障。正如彭蕾所说：

> 网商银行和小贷，我一想到这个联想到的词就是"希望"。为那么多完全贷不到钱、也借不到款的创业者带来了希望，为他们看到未来去打拼，给他们创造了机会，这是一件了不起的事情。花呗、借呗，各种各样的服务，各种各样的产品去服务好他们，我们还是要沿着为普通人、为小微企业，为他们创造机会、创造希望，在给他们带来希望的这条路，要坚定不移地走下去。[2]

———————

[1] 外媒：网商银行用"310 模式"破局小微企业融资难，2019-7-29，http://www.sohu.com/a/330115280_99900743。

[2] 彭蕾：蚂蚁金服仍是创业公司 创新是灵魂，2016-10-16，http://www.sohu.com/a/116286385_322476。

蚂蚁金服不只是助力国内小微用户，还致力于在全国推广普惠金融。2018 年 10 月 13 日，在印尼巴厘岛举办的世界银行年会上，世界银行成员国际金融公司（IFC）和支付宝联合宣布启动"10×1000 科技普惠计划"，计划在未来 10 年，每年为新兴市场国家培养 1000 名科技领军者。该计划旨在帮助发展中国家的科技领军人物学习技术并汲取中国广阔的市场开放经验，从而在未来更好地推动本国经济的可持续化发展。[1]

尽管有了如此之多的小而美的服务，但在彭蕾和井贤栋看来，这还远远满足不了群体庞大的小微用户的需求。因此，蚂蚁金服的生态圈还在不断扩大。2015 年 7 月，蚂蚁金服启动第一轮融资，共引入了八家机构，全国社保基金以 5% 的比例名列榜首。国家队的加入，让社会对蚂蚁金服的估值、上市等行为更为关注，认为"蚂蚁"要变"大象"的猜测不在少数。对此，彭蕾在公开场合一再表示，蚂蚁坚决不会变成大象，蚂蚁追求的目标就是为服务小微用户，提升用户价值。这种利他主义的文化要求蚂蚁金服专注于为金融生态圈提供优质服务，让这个社会因为蚂蚁金服的存在而发生小而美的改变。至于营收，并不是蚂蚁金服的关注点。正是有了这种博大的助人情怀，才会让蚂蚁金服在充满利益诱惑的金融行业里走得优雅从容，也因此能在激烈的市场竞争中，获得更多用户的信赖。

---

[1] 支付宝启动科技普惠计划 10 年培养千名科技领袖，2018-10-15，https://tech.sina.com.cn/i/2018-10-15/doc-ifxeuwws4452312.shtml。

第十一章

永远在路上

一直以来，在彭蕾的带领下，蚂蚁金服做了很多别人不愿意的"麻烦事"，从公共事业缴费到小微企业贷款再到农村金融，几经风雨几经沉浮，彭蕾始终记得"小确幸"的初心，蚂蚁金服始终坚持"提升用户价值"的初衷。不论"赛场"在哪里，彭蕾"永远在路上"。

让金融"荒漠"变成"绿洲"

近些年来，互联网金融一路开疆辟土，越来越多的领域因此注入了互联网基因，享受到了它所带来的巨大红利。然而，有一块市场，却被公认为"难啃的骨头"，无人愿意开垦，那就是农村金融。

在中国，农村一直是被金融业边缘化的区域，有效需求的缺失、农村人口过于分散、农民集体土地所有权流转的障碍、互联网在农村的普及率依然很低，都是农村金融发展不得不面对的一个个"拦路虎"。正因为如此，农村金融成为了我国金融体系中的一块短板。谁都知道，在互联网基因还不够深入的广袤农村，金融业的发展注定是一条漫长而又艰难的路途。

然而，彭蕾却"明知山有虎，偏向虎山行"，她深知前路艰难，却依然下定决心要在这七亿多的人口规模里攻城略地，希望通过互联网重塑农村金融，推动农村经济的发展。

2016 年 10 月 16 日，在蚂蚁金服成立两周年的庆典现场，彭蕾提到了自己的母亲，从中可以看到她关注农村金融市场的初心：

我的妈妈72岁，她已经退休了，她在农村信用社工作了一辈子，在很小的时候，我有记忆的时候开始，我觉得她是一个特别焦虑的人，为什么焦虑？比如这个账错了，给人家钱多了，或者是存钱的时候眼睛看不清楚，收进假钞，或者贷款追不回来，翻山越岭、跋山涉水的去把钱追回来。[1]

或许，正是因为从小便对农村金融工作之艰难耳濡目染，彭蕾对传统金融机构一听就皱眉头的农村金融却"情有独钟"，并为开拓这片市场竭尽所能。

在第二届世界互联网大会上，彭蕾曾经说过：

以前，农民想获得金融服务是非常难的，他们缺少信用积累，传统的金融服务也无法触及到偏远的山村，而互联网的技术正在改变这一切。蚂蚁金服通过互联网方式建立新的风险甄别体系，降低融资成本，快速、有效地服务小微企业、中低收入群体以及农村用户。[2]

在彭蕾的带领下，蚂蚁金服向农村金融市场的挺进可谓稳打稳扎、一步一个脚印：

2015年12月，蚂蚁金服投资入股在中国农村覆盖面最广的中国邮政储蓄银行，在快捷支付、用户服务、小微企业贷款、大数据分析、金融云计算等多个领域展开合作。彭蕾希望通过蚂蚁金服与邮储银行的战略合作伙伴关系，充分发挥双方各自的优势，

---

[1] 引自2016年10月彭蕾在蚂蚁金服成立两周年庆典上的演讲。
[2] 引自2015年12月彭蕾在第二届世界互联网大会上的演讲。

利用双方在技术、渠道、用户群、业务模式等方面的强互补性，共同探索和普惠金融的发展之路。

2016年年初，蚂蚁金服成立了农村金融事业部，利用互联网、大数据、云计算技术，专注于三农用户的生产、经营、生活，致力于整合蚂蚁金服的各类普惠金融服务，包括支付、财富、保险、融资、信用等，并联合阿里巴巴电商集团涉农部门（村淘）、菜鸟物流等业务条线，为"三农"用户提供服务与支持。希望通过服务生态的办法来服务农村用户，从而在农产品的生产和经营上为农户提供一体化的金融解决方案。

经过不断地发展，农村金融事业部内部逐渐形成了三大服务平台——旺农贷平台、旺农保平台和旺农付平台，有针对性地对三类不同的农村客群提供服务。其中，旺农贷平台主要是为"三农"用户提供纯信用（无抵押或担保）贷款，专项用于购买农资农具的信用借款，消费信贷产品等。旺农保平台则为现代化的农业生产经营提供保障，已有的产品包括农民采购农资的质量保证险、信用保证保险、生产过程中的种植险和指数险、销售农产品的品质险。而旺农付平台为"三农"用户提供互联网缴费、充值、转账等一系列支付服务的解决方案。三个平台，各有侧重，将农村用户面对的贷款难、贷款贵、贷款风险大的难题一举攻克。

2016年3月28日，蚂蚁金服又启动了一个名为"千县万亿"的计划，这个计划包含了旨在提升公共服务水平的"互联网＋城市服务"，旨在带动县域商业升级的"互联网＋生活商圈"，旨在为大众创业、万众创新护航的"互联网＋创业金融"等多个单元。希望用三到五年的时间，在全国1000个县助推和完善"互联网＋"商业、公共服务和创业金融的平台，通过蚂蚁金服的大数据、技术能力与各地基层政府大数据相结合，撬动万亿社会信贷资源，共同参与县域升级，助推城乡均衡发展。[1]

2016年4月底，在B轮融资完成后，蚂蚁金服又宣布将普惠、绿色、农村和国际化确立为未来发展的四大战略，从而将开拓农村金融市场提升到了战略高度。

2016年12月20日，蚂蚁金服在北京召开农村金融战略发布会，宣布以战略投资者身份入股中和农信项目管理有限公司，成为中和农信的第二大股东，补足农村金融线下能力。中和农信遍布国内18个省的229个县，是如今中国最大的公益性小额信贷专业机构，也是目前国内最大的专注于农村金融服务的社会企业。并宣布与中华保险成立合资公司，向农业龙头企业的供应商提供贷款，吹响了进军农村小贷的号角。

也是在这次农村战略发布会上，蚂蚁金服全面开启农村金融战略：以三大业务模式服务"三农"用户全面需求，以三年"谷雨计划"推进普惠金融扎根农村。所谓的"谷雨计划"，即在未来三年的时间里，蚂蚁金服将联合100家龙头企业，为大型种养殖户提供金融服务；与合作伙伴一起，为1000个县提供综合金融服务，包括支付、信贷、保险等；面向国内"三农"用户，拉动合作伙伴及社会力量提供累计10000亿信贷。如此力度，足可见彭蕾深耕农村金融市场的决心之大。

2018年5月25日，蚂蚁金服又牵手国内颇有知名度的生鲜电商易果生鲜，整合阿里电商力量，联合农村淘宝、天猫超市等，向易果生鲜提供一款供应链金融解决方案，并第一次详细地对外阐释了蚂蚁金服在"金融+电商+农业生产"的互联网农产品供应链布局。

蚂蚁金融的农村战略，让金融"荒漠"变成"绿洲"，将无

---

[1] 由曦：《蚂蚁金服：科技金融独角兽的崛起》，北京：中信出版社，2017年。

数农民拉入了时代发展的洪流之中，使他们也能和城里人一样，享受到同样的金融服务。

彭蕾曾经讲过这样一个故事：2016 年，河北清河县有一位叫做马玉明的农民，是十里八村远近闻名的拖拉机能手。农忙时，他就租赁别人的拖拉机，帮邻居们耕作土地，这是他们一家主要的收入来源。但是租赁拖拉机的费用并不低，于是他萌发了自己购买拖拉机的想法。他在淘宝网上看中一台 6 万多的拖拉机，却苦于无钱购买。后来，在村里"淘小二"杨德超的介绍下，他向蚂蚁金服发起设立的网商银行申请个人贷款。过了一周左右的时间，8 万元"旺农贷"贷款就转到了他的账户。除掉买拖拉机花的 6 万多，剩下的钱还能购买原材料和化肥。这年秋天，马玉明开着自己贷款买来的拖拉机，用了二十多天的时间，就赚了 7.5 万，比往年多赚了一倍多。蚂蚁金服的贷款服务彻底改变了马玉明的家庭经济，使他走上了小康之路。[1]

像马玉明这样的故事，还有很多。现在，旺农贷已经覆盖了中国 17 个省的 65 个县，近 1000 个村。蚂蚁金服已经累计服务 43 万家农村小微企业。

　　金融不是冷冰冰的数字游戏，也不是贪婪的血腥机器，金融应该是有温度和情怀的。我们不只是让更多的农民能够更快、更方便地贷到款，也要让他们享受到理财、保险等其他的金融服务。

这是彭蕾的心声，也是每一个蚂蚁金服人的心声。

―――――――――

[1] 参考 2015 年 11 月《北京晨报》的报道《互联网金融下乡记：较量已从刷墙到大数据风控》。

因地制宜，复刻成功

几乎所有的企业在做大做强后，都会走上国际化之路。因为只有突破区域的限制，才能赢得更大的市场、获得更好的资源、追逐更高的利润。蚂蚁金服也不例外。在彭蕾的经营下，蚂蚁金服一天天枝繁叶茂，她又有了更大的野心：将蚂蚁金服推向全球，走上世界舞台。在她的设想中："未来四年内，蚂蚁金服的用户50%在海外，50%在国内；未来九年，可以服务全球20亿消费者。"

"走出去"是无数中国企业的共同梦想，有很多先行者经过不懈的努力已经实现了这个梦想，它们大多通过两种方式：一是"造船出海"，比如海尔、华为等老牌企业，打造了自己的国际化队伍和载体，在国外市场上打出了知名度，赢得了立足之地，甚至成为世界市场上的佼佼者；二是"买船出海"，通过收购、并购等多种方式，将先进的体系、技术买回来，为己所用，联想就是一个典型代表。

然而，彭蕾却不循常规，在她的引领下，蚂蚁金服走出了一条与众不同的海外扩张之路——"出海造船"。在移动支付领域，蚂蚁金服旗下的支付宝不但产业规模世界第一、应用模式全球领先，在技术上也很难有能与之媲美的竞争对手。彭蕾以一种开放、共享的精神，将蚂蚁金服多年积累的技术、能力与经验开放输出，为海外企业所用，将"走出去"和"本土化"结合起来，打造了一种全新的全球化模式。

蚂蚁金服"出海"的第一站是印度。2015 年 2 月和 9 月，蚂蚁金服先后两次对印度市场份额最大的在线支付平台 Paytm 进行战略性投资，投资额达 9 亿美元，持股比例超过 40%。这之后，蚂蚁金服又进行了多次注资，并且派出了专门的技术团队到印度，向 Paytm 技术团队提供帮助，将运营经验、知识、产品和技术毫无保留地输出给他们。在蚂蚁金服团队的协助下，Paytm 的产品得到了进一步完善，在原有的支付服务基础上新增餐饮、打车等一系列生活服务场景，向全功能钱包的定位迈进。到现在，在蚂蚁金服的培养下，Paytm 工程师已经具备了修改和实现本地定制化的能力。

蚂蚁金服从技术能力到业务经验的全面输出，使 Paytm 的用户数量在很短的时间里就超过 2 亿，一跃成为全球移动支付领域第三大移动支付服务平台，仅次于微信和支付宝。

蚂蚁金服在印度市场的试水，可谓大获全胜。在拿下这个国际化布局的关键一站后，蚂蚁金服又与泰国的 AscendMoney、菲律宾的 Mynt、印度尼西亚的 Emtek 都展开了类似的深度合作。每一次合作，蚂蚁金服都会站在合作伙伴的角度，共同寻求服务当地用户的最佳模式，并致力于在一段时间的共同开发后，让合作伙伴具备独立开发能力。

在这种技术输出模式被证明可行之后，很多国外企业、政府开始关注起蚂蚁金服，甚至主动邀请蚂蚁金服前往当地一起"造船"。2015年11月，在韩国多家机构的邀请下，蚂蚁金服以技术入股的方式参与韩国第一家互联网银行K-Bank的筹建，并最终获得了韩国政府的批准。这是韩国政府时隔23年之后第一次发放银行牌照。

从这个意义上来说，蚂蚁金服的这一独特的国际化模式，与中国高铁的技术输出有异曲同工之妙，它不但在国内树立了广泛的影响力，还具有了广泛的世界影响力，进一步提升了我国科技产业在国际上的影响力，成为了一张新的"中国名片"。

在东南亚市场上连连告捷的同时，蚂蚁金服还把触角伸向了北美市场。只不过，扬帆出海并非总是一帆风顺，惊涛骇浪总有时。这一次，彭蕾吃了一个闭门羹。

2017年1月，蚂蚁金服决定并购美国跨境支付公司速汇金（MoneyGram），并保证其公司将继续拥有自主的品牌，作为独立的公司运作。速汇金在全球200多个国家与地区拥有35万个网点，其快速汇款业务能让资金直达全球24亿个账户，沃尔玛、英国邮政、加拿大邮政及ACE Cash Express都是其重要合作伙伴——对于资金雄厚的蚂蚁金服来说，直接收购自带"嫁妆"的当地支付机构巨头，当然是打进美国市场的最方便快捷的办法。如果这次并购成功，速汇金已经成形的支付网络和庞大合作资源都可以直接整合到蚂蚁金服手中，速汇金的用户将会变成蚂蚁金服的用户，速汇金的大合作伙伴也会变成蚂蚁金服的大合作伙伴。而且，蚂蚁金服还可以从速汇金的跨境支付交易中提取数据，来加速自己的海外扩张。为了成功拿下这家公司，蚂蚁金服还把筹码从8.8亿美元提高到12亿美元。

不过，虽然蚂蚁金服一再向美国外国投资委员会（CFIUS）做出承诺，速汇金的数据基础设施将会继续留在美国本土，个人信息都将加密，并保存在美国本土的安全设施内，然而，美国政府仍然认为，这一并购会对美国的本国数据安全造成严重威胁。因为无法获得美国外国投资委员会的批准，这桩交易于2018年1月宣告破产。

一时的失利并没有使彭蕾气馁，她迅速将火力转向欧洲市场。在并购案被美国外国投资委员会否决半年后，蚂蚁金服就在欧洲市场上启动了新收购对象的遴选。2019年2月，蚂蚁金服正式收购英国跨境支付公司万里汇（WorldFirst）。与速汇金一样，万里汇的主营业务也是跨境支付，并且是速汇金最大的竞争对手。蚂蚁金服收购万里汇，不但能与万里汇已有的客户、合作伙伴网络进行整合，还能扩大自己的金融技术所能触及的地理区域。对蚂蚁金服来说，当年的失利得到了完美的弥补，正如媒体评论所言："美国锁死的门被英国打开了。"[1]

这次收购完成之后，蚂蚁金服在欧洲市场上有了立足之地，真正地冲出了亚洲，朝着世界的方向迈出了至关重要的一步。

蚂蚁金服的世界版图仍在不断扩大，如今，在欧美、日韩、东南亚、中国港澳台等多个国家和地区，都有蚂蚁金服的身影。蚂蚁金服以战略合作、资本合作等形式，与当地领先企业开展合作，为其赋能，共同为当地用户和商户提供金融服务，促进普惠金融在全球开花结果。

对蚂蚁金服交出的这份亮眼的成绩单，彭蕾深感骄傲，她曾说过：

---

[1]引自2019年2月新浪财经的报道《蚂蚁金服收购万里汇：美国锁死的门被英国打开》。

　　蚂蚁金服这些年的实践，尤其是最近三年国际化的实践，令我们非常兴奋，也给我们拉开了数字经济时代新的历史时期的大幕。……过去这几年，蚂蚁金服已经沿着"一带一路"，从中国走向全球，我们与印度、泰国、菲律宾、马来西亚、印度尼西亚等"一带一路"的国家都建立了合作，与当地的合作伙伴一起拥抱今天中国的科技金融的技术。刚刚过去的"双十二"购物狂欢节，不但有支付宝、口碑等国内O2O企业的参与，就连我们在海外的合作伙伴，也在泰国、菲律宾、印度等地纷纷掀起了线下"双十二"无现金购物的生活浪潮，这让我们看到科技金融在下一个历史时期的一种力量。[1]

但彭蕾也并未因此而自满，她深知，国际市场的复杂性以及各国政策的不确定性，使得蚂蚁金服未来的国际化之路仍充满巨大考验。在她看来，蚂蚁金服的出海之旅，只是到了"入海口"：

　　我们的国际事业部，今天一切刚刚开始，还只是到了入海口，远远没有浮现在海面上。今天我们尽管已经跟着合作伙伴走到了全球那么多的地方，但我也希望我们继续探索，服务好当地消费者、当地创业者和小型企业。[2]

　　彭蕾为蚂蚁金服设定的最终目标，是将支付宝模式复制到更多的国家，让其搭上移动互联网时代的"中国便车"，让越来越多的人都能享受到方便、平等的金融服务。

---

[1] 引自2017年彭蕾在首届钱塘江论坛上的演讲。
[2] 引自2016年10月彭蕾在蚂蚁金服成立两周年庆典上的演讲。

离开是为了更好的陪伴

在执掌蚂蚁金服的八年里，蚂蚁金服就像是彭蕾的孩子一样，在她的呵护下茁壮成长。正如马云所说："彭蕾为蚂蚁奋斗八年。八年前，蚂蚁还叫支付宝；八年后的今天，蚂蚁带着已经成为中国'新四大发明'之一的支付宝，以及其他各种深入人心的服务，承载着全球消费者的期盼。"

蚂蚁金服有今天的成就，彭蕾功不可没。作为金融创新领域的拓荒者，彭蕾带领着蚂蚁金服将旗下金融业务从支付和理财，延伸至互联网借贷、互联网银行、互联网保险、征信、蚂蚁森林等众多金融产品。几乎所有创新金融能涉及的领域，蚂蚁金服都已经囊括其中，并购却在很多领域无人匹敌。蚂蚁金服历史上的无数个"高光时刻"，都是由彭蕾创造的，是她将一个只有短暂历史的蚂蚁金服打造成了全球估值最高的非上市公司。

然而，英雄终有谢幕时，2018年4月9日，彭蕾正式卸任蚂蚁金服董事长，蚂蚁金服CEO井贤栋兼任董事长一职。这个陪伴着蚂蚁金服不断成长的女人，终于离开了这个她曾倾注了无尽心血的地方。

这一交接，是马云通过内部公开信的方式宣布的。在阿里巴巴的历史上，这样的内部公开信并不多。在这之前，马云分别于五个重要时刻向员工发布过内部公开信：2009年阿里巴巴宣布实行合伙人制度、2013年马云自己辞任公司CEO、2013年任命陆兆禧接任阿里巴巴CEO、2015年任命张勇担任公司CEO以及2016年宣布井贤栋接替彭蕾出任蚂蚁金服CEO。这一次，是第六封。其中，有两封内部公开信都与彭蕾有关，马云对这员女将的重视从中可以窥见一斑。

在这封内部公开信里，马云对彭蕾进行了高度评价：

"她带领蚂蚁走过的这八年，用她坚定的内心和杰出的领导力，用女性独有的温暖和洞察，让一个支付工具充满爱、信任和责任感。……彭蕾不仅为蚂蚁的过去负责，也一直在为蚂蚁的未来担当。在兼任Lazada董事长之后，彭蕾告诉我，井贤栋已经堪当大任，她觉得是时候卸下担子，让蚂蚁的新领导团队更快成长了。这是蚂蚁历史上最重要的领导团队更替，不仅仅是为了传承，更重要的是蜕变。长江后浪推前浪，前浪方可闲庭信步，这是人才队伍上最大的成功。"[1]

蚂蚁金服换帅的消息一出，外界议论纷纷。有人说马云之所以做出这样的人事调整，可能与蚂蚁金服上市有关，有二十余年财务和运营管理工作经验的井贤栋比彭蕾更符合职业经理人定位；有人说这是一次常规的调整，属于"正常人士代谢"，"并且井贤栋也在过去两年里证明了自己堪当大任"；有人说彭蕾带

---

[1] 引自2018年4月9日马云的内部公开信。

领蚂蚁金服"手段太强",触及到了某些人利益,马云让其卸任,是为了保护她;还有人说是彭蕾能力很强,所以马云派她出去继续开疆拓土。

或许只有当事人才能了解事实的真相,无论如何,完成历史使命的彭蕾算得上是"功成身退"。

其实,早在两年前,彭蕾就已经有意让贤。2016年10月8日,彭蕾宣布不再担任蚂蚁金服 CEO,以蚂蚁金服集团董事长身份,专注公司长期发展、全球化战略、人才培养和文化建设传承。由井贤栋接任蚂蚁金服 CEO,全面带领团队负责公司业务、战略推进和落实。

当时,彭蕾深情回应:

> 从最初的支付宝,到现在的蚂蚁大家庭,感恩过去六年九个月与大家同行,没有什么比团队的信任与友谊更弥足珍贵。与有情有义的你们一起做一件有价值有意义的事,是我一生最幸运的事情。感谢所有蚂蚁人的努力,你们身上的创意、激情和担当,令人赞叹。与马老师一样,我第一份工作也是老师。对老师而言,最大的快乐莫过于看到青出于蓝而胜于蓝。……在前进的道路上,我会继续陪伴大家。我自己会更专注在蚂蚁的长期发展和全球化战略,还有人才培养和文化传承上。同时我仍将全力支持 Eric 带领新团队为用户创造更大价值,并期待更多惊喜和美好发生。[1]

---

[1] 引自2016年10月8日彭蕾对卸任蚂蚁金服 CEO 一事发布的公开信。

对自己的继任者井贤栋，彭蕾也寄予了厚望：

> Eric（井贤栋）的热忱、担当和乐观一直感动并激励我。他是我的最佳拍档，给予了我无与伦比的帮助。在过去这几年中，Eric 展现出了杰出而严谨的专业精神，品格公正无私，一直以高度的激情和乐观感染并鼓舞大家。他担当蚂蚁 CEO 实至名归，我们有理由期待 Eric 带领全新一代蚂蚁人更精彩的表现！

井贤栋没有辜负彭蕾的重托，在他担任蚂蚁金服 CEO 的三年时间里，蚂蚁金服确立了科技、责任、全球化三大战略，完成了 45 亿美元的 B 轮融资，对前沿技术的布局和储备进行了前所未有的投入，使蚂蚁金服以稳健的步伐继续前进。

如今，将自己一手打造的蚂蚁金服交给井贤栋，彭蕾足可以放心。她也期待着，蚂蚁金服能完成蜕变，攀登新的高度，创造更辉煌的成就。

两年前，离开是为了更好的陪伴，两年后，彭蕾终于可以放心地卸下肩上的重担，踏上新的战场。

蚂蚁八年，是彭蕾一生中永远难忘的时光，竭尽全力，始终无悔。而未来，等待她的，是全新的使命，她已经准备好了，再次上路。她的心中，仍然充满少年人的昂扬斗志，仍然燃烧着火一样的热情，正如阿里巴巴 18 岁时彭蕾在内部论坛上写的那封叫做《向永远的 18 岁致敬》的信中所说："生命里总得要有什么值得你为他燃烧一回。无论多久多远，你心底那个天真倔强的小孩没有迷路，不放弃热血热泪一起奔淌的自由，这是多么值得骄傲的一件事。"

合适的人去更合适的地方

告别蚂蚁金服后，彭蕾的新角色是 Lazada（来赞达）的 CEO 兼董事长。

马云在任命时曾如是说：彭蕾是去为阿里巴巴的未来开疆拓土。事实的确如此，开拓东南亚市场，对阿里巴巴意义非凡。

东南亚市场是业界公认的电商蓝海之一，这片充满未知和想象的土地，以其巨大的人口红利和稳步增长的 GDP 吸引着诸多互联网巨头的目光。

放眼整个东南亚，人口数量是中国的二分之一，GDP 是中国的四分之一，人均消费水平是中国的二分之一，平均经济增长率超过 6.5%。显而易见，东南亚市场上存在巨大的、可以预见的成长空间。不仅如此，统计数据显示，在东南亚地区的 6 亿人口中，有 4.2 亿人口都是 40 岁以下的年轻人。在全球面临老龄化这一严重趋势下，东南亚地区的适龄劳动人口一直到 2020 年都保持着持续增长的态势，人口红利的优势有利于东南亚形成更大规模的消费市场。而且，东南亚的中产阶级群体也在不断扩大，为消费力的增长提供了强有力的基础。据波士顿集团预测，2020年印尼中产阶层将达到1.41亿人，会带来巨大的消费潜力。

与此同时，东南亚地区的移动互联网等基础设施也在快速建设中，并且已初步形成规模。移动互联网技术的不断普及，使得东南亚已经成为目前全球互联网用户增长最快的市场。以泰国为例，移动互联网的用户数量已经超过66%，智能手机普及率超过60%。谷歌与淡马锡联合发布的一份报告显示："东南亚的互联网用户非常活跃，每天在移动终端上平均花费3.6个小时，比世界上任何其他地区的用户都要多。这一令人难以置信的参与度，为该地区的互联网企业带来巨大的市场机遇。"

不过，东南亚地区有越南、泰国、马来西亚、新加坡、印度尼西亚等11个国家，可谓小国林立，无论是用户群体、物流建设、法律法规，各个国家之间都有很大的差异，这使得东南亚市场不能被当成一个整体来看待，这给互联网巨头的电商渗透带来了巨大的难度。

尽管如此，东南亚仍以其种种优势，被誉为"大航海时代的投资新大陆"，成为各大互联网公司的"兵家必争之地"，阿里巴巴的老对手京东、亚马逊纷纷在东南亚市场布局。是否能把握住东南亚市场这个潜力巨大的增长点，对阿里巴巴的未来发展有着至关重要的意义。如果能够顺利打入东南亚市场，在阿里巴巴的版图中，中国、东南亚这两个最有发展潜力市场将形成相互映照、各放光彩的格局，阿里巴巴的发展必将更上一个台阶。

为了拿下东南亚市场，阿里巴巴早在几年前就进行了精心布局，将 Lazada 收至麾下正是阿里巴巴进军东南亚市场的一步大棋。

Lazada 成立于 2012 年，是东南亚地区最大的电商平台，覆盖马来西亚、新加坡、泰国、菲律宾、印度尼西亚、越南六国5.6 亿东南亚人口，目前已经拥有 40 多万卖家、数千个品牌商和100 多个物流合作伙伴。2016 年 4 月 12 日，阿里巴巴投资 10 亿美元拿下 Lazada 51% 的股份，实现控股 Lazada。这是当时阿里巴巴规模最大的一笔海外投资，有人说这是阿里巴巴走向国际化迈得最大的一步。2017 年，阿里巴巴又追加投资 10 亿美元，增持股权至 83%。2017 年 9 月，在加注 Lazada 的投资后，阿里巴巴管理层又启动 Voyager（意为"航海"）项目，对 Lazada 的全系统改造，来自淘宝、天猫、技术、物流、产品等阿里巴巴核心人才也被大量外派东南亚六国，和 Lazada 的人才团队一起探索新模式新机会。在阿里巴巴的大笔资金和各类资源的全力支持下，Lazada 一路高歌猛进，逐步发展成了东南亚第一大电商平台。[1]

当然，阿里巴巴最重要的动作，就是将"十八罗汉"之一的彭蕾派驻到这里。其实，早在 2018 年 3 月，在卸任蚂蚁金服董事长之前，马云就任命彭蕾为 Lazada 的 CEO，同时，向 Lazada追加 20 亿美元投资。当时，彭蕾曾经表示：

> 东南亚地区崛起的青年群体、移动互联网的高渗透率，以及仅占零售总额 3% 的电子商务体量，让我们对加码投资东南亚市场充满了信心。Lazada 有能力把握住东南亚互联网

---

[1] 数据引自 2018 年 3 月环球网的报道《阿里旗下 Lazada：不只复制淘宝天猫那么简单》。

商务下一阶段的发展机遇，我们对于飞速增长所带来的巨大商机感到非常兴奋。[1]

卸任蚂蚁金服董事长后，彭蕾更是全身心地投入到 Lazada 的发展中。

让合适的人去更合适的地方，是马云一直坚持的用人原则。马云之所以会选择彭蕾，或许是因为彭蕾是一个开拓者，她开疆扩土的劲头、卓越的执行力、对用户需求的洞察和她在蚂蚁金服的八年管理经验，都使她成为开拓东南亚市场的不二选择。

彭蕾走马上任后，Lazada 的技术团队对平台进行继续整合，并推出了一系列新功能。

2018 年 8 月中旬，Lazada 宣布联合 200 多家中国商家上线匹配人货场的精选商品库 Global Collection，实现 72 小时直达的跨境物流服务，正式开启海外带货的"光速时代"。

2018 年 9 月 9 日，Lazada 推出疯狂砍价功能"Slash It"，消费者可以通过将产品链接分享到社交媒体或者聊天应用当中，邀请亲朋好友帮自己砍价，从而享受到更低的折扣。为了推广这一功能，Lazada 还进行了为期一周的娱乐购物体验，让人们购买商品时可以享受到"疯狂折扣"。

2018 年 9 月，Lazada 还推出了一项叫做"Shake It"的功能，在一天当中的特定时间点，人们可以摇晃手机来获得 Lazada 网站上的现金券或者折扣码。

2018 年 11 月，Lazada 又上线了智能客服机器人，可以支持英语、泰语、印尼语、越南语等四种语言与东南亚 6 亿消费者进行线上交流。

除此之外，Lazada 还与阿里巴巴旗下的菜鸟物流实现了彼此物流网络打通，让中国商家能够利用菜鸟物流伙伴先将货物由中国运送至东南亚，再无缝由 Lazada 接管"最后一公里"的配送。

利用阿里巴巴的技术和生态，彭蕾对 Lazada 不断进行改造、赋能。在她的领导下，Lazada 只用了很短的时间就完成了华丽转身：从一个货架式的销售平台，转变成为东南亚地区唯一的集"看、买、玩"于一体的购物娱乐平台，受到了越来越多消费者的青睐与喜爱。

彭蕾对 Lazada 的精心布局收到了丰厚的回报：在 2018 天猫"双十一"中，Lazada 共计有 40 万商家参与，单日 2000 万消费者参与抢购。这场起始于 11 月 11 日的购物狂欢节一直延续到了 12 月，在这个过程中，Lazada 一直保持着不断刷新在线销售纪录的趋势，吸引了高达 13 亿次的用户访问量。不仅如此，印度尼西亚、马来西亚、菲律宾、新加坡、泰国和越南六国在"双十二"当天的销售额表现也远远超过了预期，超出了他们日常销售量的30倍。

不过，2018 年 12 月 13 日，就在"双十二"购物狂欢节结束的第二天，Lazada 宣布，彭蕾卸任 Lazada CEO 一职，继续担任 Lazada 董事长。Lazada 创始人皮尔·彭龙接替彭蕾成为新一任 CEO 并向彭蕾汇报。

如同离开蚂蚁金服时一样，彭蕾的这次卸任同样引发了外界的猜测与议论。但彭蕾退居二线，或许只是为了让真正熟悉当地业务的人去做掌舵者。

在给 Lazada 全体员工的公开信中，彭蕾也表达了对皮尔·彭龙的信任与支持：

"作为 Lazada 创始人之一，皮尔·彭龙广受尊敬，过去 6 年来为公司做出了突出的贡献。之前整个东南亚没有人相信电商，他和其他创始人有远见地从零开始搭建起物流网络，这些宝贵资产令 Lazada 在如今的竞争中领先。多年来，皮尔·彭龙在各个岗位中持续超乎预期地履行了职责。未来，皮尔·彭龙将引领 Lazada 战略性地开拓新的增长空间，同时和区域团队紧密协作，继续管理 Lazada 在印尼、马来西亚、菲律宾、新加坡、泰国和越南等国的运营。皮尔将担负起我们的未来使命。请全力支持他和我们一起将 Lazada 带向新的高度。"

人生如行驶的列车，从这一站下车的彭蕾，将何去何从？答案或许只有彭蕾知道，但我们可以确定的是，无论身处何方，彭蕾一定还会创造更多的精彩。

第十二章

以己之力唤醒更大的善意

做公益是阿里的传统，也是彭蕾的坚持。从湖畔魔豆基金会到互联网＋脱贫，彭蕾在助力女性及儿童的公益事业中充分发挥自己的优势与专长，让女性成为脱贫中坚力量，用科技赋能生态脱贫，彭蕾用实际行动感召着更多的人，唤醒了更多的善意。

种下"魔豆"的种子

很多人或许至今仍对 2015 年发生的一起悲剧记忆犹新：2015 年 6 月 9 日，贵州毕节市七星关区，四名留守儿童在家中喝农药自杀身亡。四个孩子是四兄妹，最大的哥哥 13 岁，最小的妹妹只有 5 岁，正是天真烂漫的年纪，本应过着快乐、幸福的生活，然而，他们的生命却以这样一种令人震惊的方式戛然而止，留给世人无尽的悲伤。

这几个孩子的经历，深深地刺痛了彭蕾的心，击中了她心底最柔软的地方。

"我必须做点儿什么，帮助那些在痛苦中挣扎的孩子们，不能让悲剧一次次重演。"彭蕾曾这样说。当时仍是蚂蚁金服董事长的她，还曾在公司高层会议上问高管们："请大家好好想想，我们怎么做，才能帮助到那些孩子们？"

正是从那时起，彭蕾开始积极投入到了帮助留守儿童的公益活动中。从给留守儿童父母买火车票、电话卡,到资助乡村儿童几个试点项目,彭蕾竭尽所能帮助那些需要帮助的留守儿童。然而,在这个过程中,她渐渐发现,留守儿童问题远比她想象的更加复杂。那些偏远贫困地区的留守儿童们需要的,不是远在千里之外的好心人们偶尔的关爱,而是平等:平等地享有家庭温暖,平等地接受情感与智识教育,平等地向上攀登的机会。

于是,彭蕾向那些长期致力于中国青少年生命成长教育的专业公益机构求教,发现:儿童在幼年时期被迫远离父母、长期寄宿、得不到家庭关爱而产生的心理创伤,在成长后期很难弥补,更会对他们的一生产生巨大的影响。而曾在婴幼儿期被细心呵护、及时关爱的人,才有更大概率成长为独立并适应社会的个体。

这让她认识到,留守儿童问题需要的是系统性的帮助改变,否则再多的努力与付出,也不过是治标不治本:

> "针对妇女和儿童的公益行动是一件特别专业的事,需要组织起来,更有体系、有效率、有愿景的推进。"[1]

于是,成立一个专项基金会的想法,在彭蕾的心中扎根发芽。她想为中国偏远贫困地区的母亲与孩子做一些力所能及的事,用爱来温暖这个世界。

在阿里巴巴内部,与彭蕾有共同想法的人不在少数,尤其是阿里巴巴的女合伙人们。女性特有的细腻和感性,让这些女性合

---

[1] 引自 2017 年 9 月 8 日搜狐新闻的报道《马云背后的 12 位女合伙人共同成立湖畔魔豆基金会》。

伙人们天然关注家庭、妇女与孩子。见诸媒体的诸多困境家庭与
儿童的遭遇长期以来让她们备受触动，"我们能做些什么"，是
她们一直在思考的问题。因此，2017 年上半年的一次合伙人会议
后，当彭蕾提起自己的想法时，其他 11 位女性合伙人与她一拍
即合，当即决定联合起来，一起去帮助困境中的儿童和妇女。

经过紧锣密鼓的筹划工作，2017 年 9 月 8 日，阿里巴巴 12
位女性合伙人——彭蕾、武卫、童文红、吴敏芝、戴珊、蒋芳、
郑俊芳、闻佳、彭翼捷、俞思瑛、张宇、赵颖在杭州西溪园区召
开了一场阿里老友见面会，在会上，她们共同宣布成立湖畔魔豆
公益基金会，帮助地处偏远贫困地区的儿童和妇女，让他们拥有
平等享受安全、温暖、接受教育和人生发展的机会。

在彭蕾看来，虽然性格低调、不喜张扬是她们这 12 位女性
合伙人的共同特点，但因为身份和从事工作的原因，她们已经或
多或少地成为了媒体关注的焦点，而这种影响力，也可以更好地
帮助到公益基金的运作。

在会上，彭蕾深有感触地表示：

> 我们觉得多一份力量就多一份变化，作为相对有能力帮
> 助他人的群体，我们有责任去做这件事。我们 12 个人不一
> 定能马上改变什么，但希望以此唤起社会的关注和支持，这
> 是更有价值的。[1]

而之所以取名"湖畔魔豆"，是因为十多年前，她们曾被淘

---

[1] 引自 2017 年 9 月 8 日彭蕾在湖畔魔豆公益基金会成立仪式上的发言。

宝上"魔豆妈妈"坚忍不拔的精神和无私的母爱深深感动。

"魔豆妈妈"这个词源于身患绝症的单身妈妈周丽红。她不但顽强地与死神进行着搏斗，为了养活女儿以及偿还因治病欠下的巨额债务，她还拖着病体寻找赚钱之道。一个偶然的机会，她浏览淘宝网，看到网上琳琅满目的商品，于是产生了开店的想法。这之后，她在淘宝网上开了一家名叫"魔豆宝宝小屋"的儿童服装店。从此，她开始全心经营小店。然而，她的病情持续恶化，最终下肢彻底瘫痪。即便如此，她也没有向命运低头，依然坚强地活着。被剧烈疼痛折磨着的她靠打麻醉剂度日，只要稍微恢复一点儿体力，就在病床上打理自己的网店，努力维持自己和年幼女儿有尊严的生活。这位母亲的故事被一位好心的网友发到了网上，转瞬传遍了整个中国，让无数人为之感动落泪。2010年，淘宝网捐赠1000万元在中国红十字会总会设立"中国红十字会淘宝公益基金"，主要资助开展"魔豆妈妈"项目，运用互联网的优势提升困难女性互联网创业、就业能力。而彭蕾为公益基金会取名"魔豆"，正是希望延续"魔豆妈妈"的这种精神，将这份爱心永远传递下去。

"湖畔"则寓意着从湖畔花园走出的阿里巴巴。而9月8日是阿里巴巴成立的日子，彭蕾之所以选择在这样一个日子成立湖畔魔豆公益基金会，正是为了向阿里巴巴致敬，也是了纪念自己无悔奋斗的青春。

在湖畔魔豆基金会成立现场，彭蕾和她的伙伴们表现出了坚定的决心和超强的行动力。她们并不打算只做出资人，而是将全程参与基金会的日常运作——从相关研究的进行、公益体系的建立，到公益项目的执行。在分工上，12位女性合伙人依据各人特长各司其职，比如，擅长管理的彭蕾出任"项目管理委员会主席"；财务出身的武卫和郑俊芳将担任基金会的 CFO；阿里巴巴首席人力官童文红将负责基金会的人员和组织架构。

为了确保湖畔魔豆基金会尽快正常运转起来，彭蕾不惜"徇私"——以阿里巴巴高管的身份调动集团内部的一切可用资源，比如请阿里巴巴副总裁俞思瑛去跟合作的公益机构谈合作框架，让阿里云工程师和虾米音乐设计师给基金会搭建官网、设计 LOGO，让钉钉产品经理为合作公益机构开发内部沟通系统，等等。

彭蕾和其他女合伙人的慈善举动，也赢得了阿里巴巴的男性合伙人一致赞同："这家公司从第一天就相信世界因女性而美好，18 年来我们见证了太多来自女性的力量，我们有 12 位女性合伙人，有超过 47% 的女性员工，没有她们，就没有阿里巴巴的今天。当女性投身公益，一定会给世界带来意想不到的改变。"

了解阿里巴巴的人都知道，这些年来，阿里巴巴一直践行着对公益的坚守以及对女性力量的信赖。湖畔魔豆公益基金会的成立，正是阿里文化中女性力量的体现和延续。像彭蕾这样的女性不但是打造阿里巴巴商业帝国的重要力量，更是其公益事业的中流砥柱。而彭蕾种下的这颗"魔豆"的种子，又为阿里巴巴的公益事业注入了全新的内涵：在互联网时代，女性的柔软、善良、热情、韧性以及与生俱来的同理心，可以在社会的方方面面发挥更重要的作用，让我们所处的这个世界变得更加温暖、更加美好。正如湖畔魔豆公益基金会理事长闻佳所说："我们的湖畔魔豆就是一颗有魔力的种子，我坚信它总有一天会变成爱的森林。"

帮中国农村妈妈"养育未来"

湖畔魔豆公益基金会成立之后，彭蕾一直在思考的一个问题是：谁是最需要帮助的人？

为了找到这个问题的答案，她先后五次到陕西考察。

湖畔魔豆基金会成立的当月，彭蕾就与其他 11 位女性合伙人利用周末的时间千里迢迢赶到陕西，专门考察一个致力于帮助 0—3 岁留守儿童的扶贫项目。她们连续两个晚上熬夜开会到凌晨，第二天一大早又出发去考察项目，一去就是一整天。虽然劳累不堪，却没有人抱怨，每个人都乐此不疲。

在实地调研后，彭蕾发现，一个人 0—3 岁时所获得的教育投入，将会决定他未来 85% 的认知和智力水平，然而，在中国的广大农村，尤其是在偏远地区的农村，无论对家庭还是社会来说，儿童早期发展还是一片"无人区"。很多人甚至会把刚出生的孩子丢给老人照管，"随便带带，健康就好"，自己离乡背井外出打工，一年甚至几年才回家一次，孩子与父母几乎没有任何感情联系。

为了改变这种现状，这次考察之后，彭蕾便确定了扶贫的方向：为中国偏远地区的 0—3 岁孩子提供早期发展机会，使他们在人生的起跑线上不被同龄人甩下。

第二次去陕西，是去项目的第一个落地实践点进行实地考察。在陕西宁陕县，彭蕾没过多久就与县里的年轻妈妈们打成了一片。作为两个孩子的母亲，彭蕾热情地与年轻妈妈们交流起了带孩子的各种话题，并且主动向她们分享自己的育儿经验。她还笑着讲了关于自己的一个故事：虽然她平时工作繁忙，但还是尽量抽出时间来陪孩子，每次一回到家，第一件事就是带着孩子到小区里散步。有一次，在小区里，一位经常看到她遛娃的老太太还好奇地拉住她问："看你带娃带得真不错，主人家一个月付你多少钱？"妈妈们被她的风趣幽默逗得哈哈大笑。

在聊天的过程中，彭蕾发现了一些细节，比如那些与妈妈们一同参加活动的孩子们，有很多一直拿着手机看个不停，他们的妈妈对此并不在意。据妈妈说他们只喜欢看手机，不怎么爱看书，家里也几乎从来都没给他们买过书。那些年轻妈妈大部分只有二十出头，她们的学历通常是高中毕业，她们也像其他妈妈一样，希望孩子能受到更好的教育，希望自己能融入社会，然而，对于怎么给孩子打开更广阔的视野，了解这个世界和一些常识，她们是完全迷茫的，也没有人教她们。

除此之外，还有一个细节也引起了彭蕾的注意，她发现，宁陕县是全国为数不多实行十五年义务教育的县，全县（其实是乃至全陕西省）对教育都非常关注，幼儿园和小学的入学率达到了

100%，年轻妈妈离家打工的比例相比其他地方要低很多，然而，即便如此，从宁陕县考出来的名牌大学生仍然少之又少。

考虑到这种种因素，在第二次考察之后，彭蕾决定，将宁陕县作为项目的试点，帮助年轻妈妈们学会和他们不满三岁的孩子相处、交流和引导，发展孩子的智力、自信心和适应社会的能力，用几年的实践，来验证一下，是否能打破"重视教育，但仍然难出贵子"的局面。

2018 年 1 月 10 日，由湖畔魔豆公益基金会发起实施的"养育未来"项目——整县模式启动仪式在宁陕县举行。作为项目的负责人，彭蕾出席了这次启动仪式，这也是她第三次到陕西考察。

这个最终被命名为"养育未来"的公益项目，是目前中国乡村地区落地规模最大的探索贫困家庭孩子早期发展的公益项目。与提供硬件设施、物质帮助等短平快的慈善支持不同的是，"养育未来"更专注于对孩子科学养育的投入，促进婴幼儿认知、语言、运动和社会情感的发展，帮助贫困农村儿童与其他孩子站在同一个人生的起跑线上。

彭蕾知道，这条路不好走，她曾说：

> 与其他方向相比，"养育未来"需要耐心，需要耐得住寂寞，需要润物细无声地去做一些唤醒，吸引更多的力量来参与。更重要的是可持续，让它成为一种模式，可以真正能够对未来中国发生一些正向推动和改变。

幸运的是，在各方的共同参与下，"养育未来"项目在宁陕县的试点非常顺利。其中，政府发挥着至关重要的作用。在宁陕县，

"养育未来"项目从一开始就是政府主导的，比如养育中心场地都由宁陕县政府提供，养育师的招募和考核管理，也是由县政府来负责的。后来，彭蕾在总结宁陕模式的成功经验时，特意强调了这一点：

> 教育是国之大计，也是一项系统性工程，需要社会各部门跨界创新和合作。以政府为核心，充分整合和调度社会资源，达到效率和效果的最大化。希望中国宁陕可以成为发展中国家儿童早期发展的创新实验田，在世界范围内提供借鉴意义。[1]

彭蕾为"养育未来"制定的目标是，在宁陕的整县模式被证明可行之后，继续推动国家在全国进行普惠投入，整合更多地方政府、企业和社会资源一起推动贫困儿童的早期发展工作。携手各界，以宁陕实践为起点，共同探索可复制、宜推广的社会模式，让中国儿童早期发展的探索，从0开始，走向世界，已经成为她最大的心愿。

宁陕模式实施三个月后，2018年4月11日，彭蕾第四次来到宁陕县。从西安咸阳机场前往宁陕的高速路上，由于前方发生了严重的交通事故，彭蕾和她的伙伴们在路上堵了足足五六个小时，到县城酒店时已经是深夜了。但她片刻都未休息，就马不停蹄地召集会议，了解"养育未来"项目在宁陕的实施细节。

---

[1] 引自2018年11月彭蕾在"养育未来，从0开始——2018年儿童早期发展国际论坛"上的演讲。

"养育未来"项目在宁陕县的成果，让彭蕾非常欣慰。她发现，宁陕县的第一批养育中心，已经成为孩子们的乐园，也成了家长们的课堂。科学的指导改变了很多人的育儿理念：妈妈和奶奶们从最初的半信半疑，到几乎天天带娃来中心"打卡"；大人们渐渐地不再让孩子拿手机看动画片和各种小视频，而是开始从养育中心借一些绘本和玩具回家陪孩子一起读、一起玩。一个年轻妈妈在女儿满两岁之后为了养家糊口不得不外出打工，但走之前专门来到养育中心，请求这里的工作人员每天给孩子奶奶打电话，催她带孩子来养育中心。

"养育未来"成了照进大山的一束光，彭蕾有备而来，满意而去。

2018 年 11 月 17 日，"养育未来，从 0 开始——2018 年儿童早期发展国际论坛"在陕西西安举行，作为项目发起人的彭蕾在论坛上讲述了养育未来的"宁陕模式"。"宁陕模式"成为中国在 0—3 岁儿童早期发展工作上全新的经验，引起了参加会议的国内外专家的广泛关注。

在会上，彭蕾还向在场的所有人吐露了自己的心声：

> 希望更多人了解我们想做的事情，把当地的需求告诉我们，也给我们参与的机会，在脱贫这条路上成为志同道合的伙伴。[1]

---

[1] 引自 2018 年 11 月彭蕾在"养育未来，从 0 开始——2018 年儿童早期发展国际论坛"上的演讲。

第二天，彭蕾带着一支 140 多人的团队第五次访问宁陕县。在这支庞大的团队中，有很多来自国内外的儿童教育专家和一线工作者。她希望通过交流，把专家们多年积累的丰富经验带到宁陕县，也希望帮助那些深入中国农村的一线工作者开拓思路，更好地设计和完成项目。

在这次宁陕之行中，"宁陕模式"受到了国际同行的高度赞誉。他们注意到，县政府与社会机构发挥各自所长、紧密协同；经过培训的农村女性能有如此丰富的育儿知识，而且还能像大城市白领一样通过钉钉等互联网软件完成工作管理；管理过程采用了人脸识别等人工智能技术；大数据等已开始提高资源配置效率……当天随行的记者们也一致认为，这种社会大协同的资源调度方式、互联网化的乡村工作方式，为国际实践提供了可复制、可借鉴的成功案例。

那一刻，彭蕾的内心充满骄傲。而更令她骄傲的是："一群有情有义的人，在一起做有价值有意义的事，为世界带来微小与美好的改变！"

心虽柔软，却有力量。彭蕾因对女性的关爱点亮了"养育未来"这盏灯，如今，这盏灯已经照亮无数中国农村妈妈的生活，也改变了无数农村孩子的未来。

让女性成为脱贫新力量

做公益这事，对有些人来说，只是一件小事。但对另一些人，却是大事。把公益当成头等大事的阿里巴巴或许是最重视公益的互联网公司，用马云的话说，"我们不是因为赚了钱才想做公益，而是一开始就把公益放在了我们的商业模式里"。

2017 年 12 月 1 日，阿里巴巴集团宣布成立脱贫基金，计划五年投入 100 亿用于精准扶贫和乡村振兴，探索"互联网 + 脱贫模式"。脱贫成了阿里巴巴新的战略业务。马云亲自担任基金会主席，彭蕾、蔡崇信、张勇、井贤栋这四员大将被他点名委任为副主席，分别负责电商、教育、生态和女性四大脱贫方向。在基金会发布现场，马云一反常态地放出了"狠话"："你们四个副主席，业务做不好，还能给你个机会，脱贫做不好，不会放过你。"

马云还别出心裁地将 KPI 考核引入到了公益项目管理中，其中，彭蕾负责的是女性脱贫的 KPI 任务。

彭蕾对女性问题的关注从很早就开始了，在一次采访中，她曾经说道：

"我是'农三代'，我爷爷奶奶都是农村的，我对农村的感情特别朴素，特别直接，因为我从小一放假就在农村，和农村的亲戚一起生活。所以我对农村女性不是说现在才特别关注，从小就开始了。只不过现在可能有能力了，就能够为我的家乡、我的亲人去做一些事情。"[1]

在彭蕾看来，女性是一个非常独特的群体。她曾经进行过统计："在全球每天消费不到 1 美元的人群当中，有超过 70% 的人是女性；在淘宝的平台上，超过 51% 的创业者都是女性，而在不良贷款的占比中，女性只占 25%，显示了很好的信用。她们对生活的热爱以及想要自力更生的热情是无与伦比的。女性也是家里的钱袋子，52% 的消费者都是女性。在阿里巴巴内部，女性的力量也很强大，创业之初的 18 个人，三分之一是女性；眼下的 36 个合伙人，三分之一也是女性；今天阿里巴巴女员工，占公司总人数的 46%。"[2]

可见，无论是一家公司的成长，还是一个社会的发展，都离不开女性的力量。正因为如此，彭蕾希望用阿里脱贫基金这个平台，为女性做一些力所能及的事情。而之所以要将公益方向确定为"女性脱贫"，彭蕾也有自己的考量：

之所以要专门去做女性脱贫，是因为这个社会的一个现

---

[1] 引自 2018 年 9 月《经理人》的报道《彭蕾：女性脱贫需要耐心，更要耐得住寂寞》。

[2] 数据引自 2017 年 12 月 ZAKER 的报道《彭蕾：金融科技为经济发展提供最佳途径》。

实是，女性的生存发展，面临的取舍、平衡，各方面的挑战都比男性更大。女性怎样获得更平等的机会，是一个应该得到响应的诉求。带孩子和赚钱两者间的矛盾，其实不单是在农村女性。为什么从来没有人问男性这样的问题？这好像是女性专有问题。但其实女性的付出是可以被量化的，只不过这个路还挺长的。

为了帮助女性脱贫，彭蕾以提升女性创、就业能力为切入点，梳理了过去几年在农村淘宝、魔豆妈妈等项目中累积的丰富经验，针对深度贫困地区的女性群体，建立起更完善的脱贫工作模式，从意识唤醒到技能培训，从金融支持到销售帮扶，通过贫困地区女性人才的赋能来实现真正脱贫。她深知："只有女性脱贫，才能从根本上保证农村家庭的脱贫"。

彭蕾的第一个方向是为农村贫困地区女性提供信用贷款。阿里脱贫基金女性脱贫工作组通过走访湖北、甘陕等地的贫困山区了解到，很多省市都在鼓励留守女性创业，利用合作社等形式带头搞生产，小额信贷的需求不断攀升。然而，那些在贫困中挣扎的女性大多没有银行流水和抵押物，也就没有经济信用，因此，几乎是不可能获得金融服务的。为了解决这个问题，阿里脱贫基金的工作人员们与生态伙伴一起，在田间灶头找到那些需要小额贷款的人，为她们提供助农女子贷款。

彭蕾曾经分享过一个非常有趣的数据：阿里巴巴在给个体劳动者发放贷款时，给女性的平均授信额度要高出7%。"在蚂蚁金服的贷款平台上我们看到，女性的违约率只有男性的1/3。她们往往更有信用。我们要做的，就是帮把她们把信用转化为经济能力。这件事，贴息也要做好。"

彭蕾坚信："授人以渔比授人以鱼更重要。给她方法、给她资源，比直接给她一个东西让她去解决温饱更有价值。"

彭蕾一直认为，商业是最大的公益，用商业的方法才能从根源上解决女性贫困问题。2018年4月，她到宁陕县实地考察时听到的故事也证实了这一点：宁陕县的一个村子里有一个女能人"蜂婆娘"，这个90后姑娘通过小额贷款获得了创业资金，成立了养蜂合作社，带动当地养蜂的人一起发展，通过线上线下各种渠道进行销售。这也在很大程度上带动了当地的产业发展，为留下更多劳动力形成良性循坏。

让处于贫困中的女人们有了谋生手段和脱贫希望后，还要预防"返贫"，使她们不会因病致贫，不会因教致贫。为此，彭蕾又通过保险的方式给贫困地区女性一些基本保障。

2018年，阿里巴巴女性脱贫工作组发起了一个名为"加油木兰"的女性公益保险项目，充分应用互联网公益保险和金融科技的力量，让贫困地区的女性能上学、看病有保障。

2018年8月"加油木兰"项目在"蚂蚁庄园"正式上线，无数爱心网友参与到这个项目中来。他们的每一次捐赠，都会为一位贫困女性增加50元的保额，捐赠者与受助者一一对应。一亿位网友总共捐赠了5亿颗"爱心"，还留下了36.4万条鼓励留言。依托蚂蚁金服公益保险平台，捐给谁、捐多少、赔多少等信息全程实时透明公示。

对贫困户来说，理赔是非常容易的，即使没有智能手机，也能便捷理赔。一个村子里只要有一个人会用支付宝，就能帮助全村人理赔，并在3—5个工作日收到理赔款。图片识别、区块链、人工智能等新技术提供强有力的支持，让"数据跑腿"代替了"百姓跑腿"。

借助互联网，"加油木兰"项目很快就落地实施：2018 年 8 月 31 日，云南省红河州元阳县的高三学生普梦黎收到了一笔特殊的"理赔"——1000 元助学金，这是"加油木兰"项目第一个赔付的保险理赔金。现在，"加油木兰"在湖北巴东、云南元阳和陕西宁陕已经建立了三个女性保障样板县，一共有超过 17 万贫困女性获得健康教育保障。

除了"加油木兰"项目之外，彭蕾还为贫困地区的女性定制了"好保险"，覆盖生育、教育和养老等人生各阶段需求。"在贫困地区的 0 到 99 岁的困境女性，我们会联合保险公司给他们定制、赠送一份保险，保障他们人生的重要阶段。无论是生孩子、升学还是生了大病，都可以获得一笔费用。具体来说，在她生孩子时，可以得到前面几个月基本的奶粉钱；家里有孩子上中学了，可以获得一笔奖金；考上大学了，还可以再一次性拿一笔奖金；如果生了大病，也可以一次性拿到一笔钱，这个钱不一定要用于治疗，因为今天社会保障体系基本健全，新农合基本上很多也能够覆盖，但是我们会额外再给她一笔钱，解决因病缺了一个劳动力，家里经济的燃眉之急。"[1]

"用商业手法和公益心态做事"是彭蕾一直坚持的公益理念。在她看来，"公益其实比商业难做，两者结合更是难上加难，因为商业是有 KPI 的，而公益效果却很难量化"。她知道，这是一条艰难的道路，但她也深知，她不是一个人在战斗，而且，所有的付出都会以另一种方式回报，正如她所说："我觉得我们去做这样一件事，是对我们自己人生一个最大的福报和奖赏。"

---

[1]引自 2018 年 9 月《经理人》的报道《彭蕾：女性脱贫需要耐心，更要耐得住寂寞》。

用科技赋能生态脱贫

2017 年 9 月，彭蕾受邀在联合国总部发表演讲，在演讲中，彭蕾介绍了"蚂蚁森林"的故事：

"2016 年 8 月，蚂蚁金服推出了一项叫做蚂蚁森林的服务，鼓励用户低碳出行或消费，当用户减碳行为而累积的绿色能量达到一定数值后，蚂蚁金服会委托阿拉善公益机构在荒漠地带种下一颗真实的树。也许听上去这是一个非常幼稚的游戏，但人们参与这个游戏的热情远远超出了我们的想象，每天都有超过三千万人玩这个公益游戏。蚂蚁森林用游戏的方式点燃了普通人的公益热情，而且这还是一个非常有参与感的公益过程。短短一年中，蚂蚁森林已经拥有 2.3 亿用户，其中 40% 是女性，65% 是 28 岁以下的年轻人，累计减少了 122 万吨碳，同时在中国甘肃和内蒙古地区种下了 1000 余万棵树。"[1]

这个关于环保的故事感动了在场的所有人，赢得了全场最热烈的掌声。联合国副秘书长、联合国环境署执行主任埃里克·索尔海姆用"令人着迷"来形容蚂蚁森林，并为彭蕾点赞："你们在用心呵护我们美丽的地球，呵护美丽中国，很赞！"

过去，我们的经济发展过多地依赖于自然资源的消耗，不但导致了资源的浪费，也使得生态环境遭到了巨大的破坏。人人都希望仰望天空时看到的是一片蓝天，希望拥有洁净的空气和水，却很少有人真正行动起来，为保护环境做出自己的努力。但彭蕾不一样，她从来不会"喊口号"，而是以实际行动推动人们改变环保理念。正因为如此，才有了蚂蚁森林这样的尝试。

彭蕾刚推出蚂蚁森林的时候，很多业内人士分析这是蚂蚁金服的又一次社交尝试。但事实上，蚂蚁森林的想法源于一位设计师在讨论推广个人碳交易、设计碳账户时的灵机一动。当时，蚂蚁金服设计部的一位设计师提出了一个建议：用一棵虚拟的树将碳交易的概念可视化，让用户每天节约下来的碳能量帮助这棵树"长大"。这个奇妙而又疯狂的点子博得了大家的一致认可。后来，公关部有人想起了曾经在 2008 年风靡一时的"偷菜"游戏，提出可以借鉴这个游戏的思路，加入游戏元素，让整个产品变得更"好玩"。就这样，在群策群力之下，蚂蚁森林就这样诞生了。

一开始，蚂蚁森林并没有做宣传推广，只是一些人自娱自乐的游戏。然而，2017 年春节的"浇水得福卡"活动，却一下子把这个公益产品推向了火爆。这个活动上线十天，蚂蚁森林就增加

---

[1] 引自 2017 年 9 月彭蕾在联合国总部的演讲。

了一亿多用户。

很多人惊奇地发现，在浮躁的互联网世界，竟然有这样一个产品，可以让人们将低碳行为转化为能量，轻松地参与到环境保护中，为中国的绿化奉献自己的力量。于是，很多人开始自发地过起了低碳生活：用走路或者骑共享单车的方式取代开车，通过网络购买火车票、预约挂号，在线缴纳水电煤气费和交通罚款……每天早上 7 点，数以千万计的用户一醒来就会进入森林收取能量，只为了攒够足够的能量种一棵属于自己的"梭梭树"。

正如彭蕾所说：

> 并不是说人们参与了这项游戏就可以解决空气污染，解决雾霾问题，但这是一种唤醒，只要越来越多的人参与进来，就是一个非常令人期待的、乐观的趋势。所以，技术让绿色进入大众的视野和生活，而不仅仅是大企业和大机构参与其中。我们正是用未来给予更好的金融服务的方式，吸引他们参与公益，鼓励他们实施越来越多的环保行为和绿色行为。[1]

而这，正是蚂蚁森林最了不起的地方——让人们为了绿水青山切切实实地行动起来，早起、走路，在看得见看不见的地方，从"我"做起保护地球。

彭蕾离开蚂蚁金服后，其继任者井贤栋从她的手中接过了环境保护的接力棒，他说："蚂蚁森林将履行对用户的承诺，继续

---

[1] 引自 2017 年彭蕾在亚布力中国企业家论坛的演讲。

加大投入。到 2018 年底，蚂蚁森林在生态保护方面的总投入将超过 5 亿元。"

除了投入真金白银之外，在井贤栋的努力下，蚂蚁森林这个平台还得到了发扬光大，发挥了更大的作用。他依托蚂蚁森林平台，用互联网思维打造生态环境保护与生态产品开发的新模式，通过金融、电商、社群等平台的跨界整合，以及线上线下的同步互动，带动数亿用户共同参与，不但完成了生态脱贫，还让生态价值转化为贫困地区人民兜里的真金白银，实现生态保护和经济发展的良性循环。

"平武蜂蜜"是生态脱贫的成功范本。2018 年 5 月 15 日，四川平武的关坝自然保护地在蚂蚁森林上线，蚂蚁森林用户只需要用 4.1kg "绿色能量"就可以兑换一平方米保护地的十年保护权。平台上线仅 24 小时，已有 140 万网友通过蚂蚁森林能量认领，最终有 1823 万用户将其认领完毕。随后，当地的衍生产品"平武蜂蜜"上线阿里电商平台，持续关注这一片保护地的蚂蚁森林用户爆发出了巨大的购买力，第一次 1 万单产品仅用 105 分钟即销售一空，第二次 1 万单则在 1 分钟之内售罄。2018 年"双十一"期间，"平武蜂蜜"做了一次预售活动，2019 年全年产量在 1 分钟之内被抢空。"平武蜂蜜"的成功，有力地推动着当地贫困户脱贫的步伐。

遵循着这一思路，2018 年 11 月 19 日，第一个生态经济林树种沙棘在蚂蚁森林上线，只用了一天的时间，超过 2.35 万亩沙棘就被 314 万用户兑换完毕。按照计划，这片沙棘林于 2019 年春天在内蒙古种下，超过 2000 万用户持续关注"可以吃的蚂蚁森林"话题，提出数百种沙棘吃法、用法，期待早日收获自己种下的果实。

这片沙棘林拉动内蒙古当地超过 30% 的贫困户成为种植工人，实现就业。其衍生产品在阿里平台和其他途径的部分收益，也首先反哺给了当地造林行动和贫困户。

在 2019 年 1 月 10 日的阿里巴巴技术脱贫大会上，马云亲自为这片生态经济林的衍生产品"MA 沙棘"饮料做起了广告，让这款饮料迅速成为网红饮品，也让更多人了解到了蚂蚁森林对公益的坚持。

彭蕾虽已"江湖再见"，但她留下的公益精神却在蚂蚁金服得到了更好的传承。她和她的同事们，从虚拟的世界出发，用科技的力量不断地改变着现实，并且唤醒了这个世界更大的善意，让人们不再只看到眼前的苟且，更开始关注起"诗和远方"，相信这个世界会因为自己的存在而有所不同。当所有人的力量汇聚到一起，世界一定会变得更加美好！

大事记

1971 年	生于重庆万州
1990-1994 年	在杭州商学院（今浙江工商大学）攻读工商管理专业
1994-1997 年	担任浙江财经学院老师
1997 年	与同系师兄孙彤宇结婚，不久随夫北上，与马云一同创业
1999 年 9 月 10 日	阿里巴巴正式成立，彭蕾为"十八罗汉"之一
2000 年 3 月	阿里巴巴搬入新楼——华星大厦，彭蕾晋升为人事经理
2010 年 1 月	兼任支付宝 CEO
2013 年 3 月	筹建阿里小微金融服务集团，彭蕾担任小微金服 CEO
2013 年 5 月	辞任阿里巴巴集团 CPO
2014 年 6 月	再次兼任阿里巴巴集团 CPO，协助阿里完成赴美上市计划

2015 年 6 月	担任蚂蚁金服董事长兼 CEO，负责集团战略制定和人才管理
2016 年 3 月	担任中国互联网金融协会副会长
2016 年 10 月	卸任蚂蚁金服 CEO，只留董事长一职
2017 年 9 月	与阿里十一位女合伙人共同创办湖畔魔豆妈妈公益基金会,任项目管理委员会主席,理事
2017 年 12 月	出任阿里脱贫基金会副主席
2018 年 4 月	卸任蚂蚁金服董事长，出任 Lazada CEO